대한민국 법령 시리즈 70

항만법

법령
시행령
시행규칙

해광출판사

머리말

이 책은 방대한 법전을 보지 않고 간편하게 해당되는 법령만 참고해서 볼 수 있도록 하였습니다. 공공기관이나 관련 종사자들이 쉽고 간편하게 해당 법령을 참조 할 수 있도록 하였습니다.

특히 해당법률은 물론 관련 시행령, 시행규칙을 함께 실어 관련법을 서로 참고할 수 있게 하였습니다.

법률이라는 것이 크든 작든 항상 변하는 관계로, 출간 이후의 정확하고 최신의 법률은 법제처 국가법령정보센터에서 확인이 가능하니 법률의 실제 적용 시 확인이 필요한 점 유의하기를 바랍니다.

편집부

* 수록 법률은 법제처 국가법령정보센터에서 확인 가능합니다.
* 발행일 기준 시행 법률이므로 최신 법령은 위 센터에서 볼 수 있습니다.
* 본 책자에 수록된 법률의 문구에 대하여 법적인 효력은 없으며,
  실제 적용 법률은 위 센터에서 최신의 법률로 확인하시기 바랍니다.
* 해당 법령과 함께 시행령, 시행규칙도 수록되어 있습니다.
* 발행일 기준으로 개정 예정 법률은 밑줄로 별도 표시되어 있으며,
  보다 정확한 것은 법제처에서 확인하기 바랍니다.

목차

항만법

[시행 2024. 4. 25.] [법률 제19778호, 2023. 10. 24., 일부개정]

**개정 예정 법률 밑줄 별도 표시.

항만법

[시행 2024. 4. 25.] [법률 제19778호, 2023. 10. 24., 일부개정]

제1장 총칙

제1조(목적) 이 법은 항만의 지정·개발·관리 및 사용에 관한 사항을 규정함으로써 항만개발사업을 촉진하고 항만을 효율적으로 관리·운영하여 국민경제의 발전에 이바지함을 목적으로 한다.

제2조(정의) 이 법에서 사용하는 용어의 뜻은 다음과 같다. 〈개정 2020. 2. 18., 2022. 1. 4., 2023. 10. 24.〉

1. "항만"이란 선박의 출입, 사람의 승선·하선, 화물의 하역·보관 및 처리, 해양친수활동 등을 위한 시설과 화물의 조립·가공·포장·제조 등 부가가치 창출을 위한 시설이 갖추어진 곳을 말한다.

2. "무역항"이란 국민경제와 공공의 이해(利害)에 밀접한 관계가 있고, 주로 외항선이 입항·출항하는 항만으로서 제3조제1항에 따라 대통령령으로 정하는 항만을 말한다.

3. "연안항"이란 주로 국내항 간을 운항하는 선박이 입항·출항하는 항만으로서 제3조제1항에 따라 대통령령으로 정하는 항만을 말한다.

4. "항만구역"이란 항만의 수상구역과 육상구역을 말한다.

5. "항만시설"이란 다음 각 목의 어느 하나에 해당하는 시설을 말한다. 이 경우 다음 각 목의 시설이 항만구역 밖에 있는 경우에는 해양수산부장관이 지정·고시하는 시설로 한정한다.

가. 기본시설

1) 항로, 정박지, 소형선 정박지, 선회장(旋回場) 등 수역시설(水

域施設)

2) 방파제, 방사제(防砂堤), 파제제(波除堤), 방조제, 도류제(導流堤), 갑문, 호안(해안보호둑을 말한다) 등 외곽시설

3) 도로, 교량, 철도, 궤도, 운하 등 임항교통시설(臨港交通施設)

4) 안벽, 소형선 부두, 잔교(棧橋: 선박이 부두에 닿도록 구름다리 형태로 만든 구조물), 부잔교(浮棧橋: 선박을 매어두거나 선박이 부두에 닿도록 물 위에 띄워 만든 구조물), 돌핀(계선말뚝을 말한다), 선착장, 램프(경사식 진출입로를 말한다) 등 계류시설(繫留施設)

나. 기능시설

1) 선박의 입항·출항을 위한 항로표지·신호·조명·항무통신(港務通信)에 관련된 시설 등 항행 보조시설

2) 고정식 또는 이동식 하역장비, 화물 이송시설, 배관시설 등 하역시설

3) 대기실, 여객승강용 시설, 소하물 취급소 등 여객이용시설

4) 창고, 야적장, 컨테이너 장치장(藏置場) 및 컨테이너 조작장, 사일로[시멘트, 곡물 등 산적화물(散積貨物)의 저장시설을 말한다], 유류(油類)저장시설, 가스저장시설, 화물터미널 등 화물의 유통시설과 판매시설

5) 선박을 위한 연료공급시설과 급수시설, 얼음 생산 및 공급시설 등 선박보급시설

6) 항만의 관제(管制)·정보통신·홍보·보안에 관련된 시설

7) 항만시설용 부지

8) 「어촌·어항법」 제2조제5호나목의 기능시설[제21조제3호에 따른 어항구(漁港區)(이하 이 조에서 "어항구"라 한다)에 있는 것으로 한정한다]

9) 「어촌·어항법」 제2조제5호다목의 어항편익시설(어항구에 있는 것으로 한정한다)

10) 방음벽, 방진망(防塵網), 수림대(樹林帶) 등 공해방지시설

다. 지원시설

1) 보관창고, 집배송장, 복합화물터미널, 정비고 등 배후유통시설

2) 선박기자재, 선용품(船用品) 등을 보관·판매·전시 등을 하기 위한 시설

3) 화물의 조립·가공·포장·제조 등을 위한 시설

4) 공공서비스의 제공, 시설관리 등을 위한 항만 관련 업무용 시설

5) 항만시설을 사용하는 사람, 항만시설 인근 지역의 주민, 여객 등 항만을 이용하는 사람 및 항만에서 일하는 사람을 위한 휴게소·숙박시설·진료소 등 「공공보건의료에 관한 법률」 제2조제3호에 따른 공공보건의료기관·위락시설·연수장·주차장·차량통관장 등 후생복지시설과 편의제공시설

6) 항만 관련 산업의 기술개발이나 벤처산업 지원 등을 위한 연구시설

7) 신·재생에너지 관련 시설, 자원순환시설 및 기후변화 대응 방재시설 등 저탄소 항만의 건설을 위한 시설

8) 그 밖에 항만기능을 지원하기 위한 시설로서 해양수산부령으로 정하는 것

라. 항만친수시설(港灣親水施設)

1) 낚시터, 유람선, 낚시어선, 모터보트, 요트, 윈드서핑용 선박 등을 수용할 수 있는 해양레저용 시설

2) 해양박물관, 어촌민속관, 해양유적지, 공연장, 학습장, 갯벌체험장 등 해양 문화·교육 시설

3) 해양전망대, 산책로, 해안 녹지, 조경(造景)시설 등 해양공원시설

4) 인공해변·인공습지 등 준설토(浚渫土)를 재활용하여 조성한 인공시설

마. 항만배후단지

바. 중앙항만정책심의회의 심의를 거쳐 해양수산부장관이 지정·고시하는 시설

6. “관리청”이란 항만의 개발 및 관리에 관한 행정업무를 수행하는 다음 각 목의 구분에 따른 행정관청을 말한다.

가. 제3조제2항제1호 및 제3항제1호에 따른 국가관리무역항 및 국가관리연안항: 해양수산부장관

나. 제3조제2항제2호 및 제3항제2호에 따른 지방관리무역항 및 지방관리연안항: 특별시장 · 광역시장 · 도지사 또는 특별자치도지사(이하 “시 · 도지사”라 한다)

7. “항만개발사업”이란 항만시설(항만구역 밖에 설치하려는 제5호 각목의 어느 하나에 해당하는 시설로서 장래에 해양수산부장관이 항만시설로 지정 · 고시할 예정인 시설을 포함한다)의 신설 · 개축 · 보강 · 유지 · 보수(補修) 및 준설 등을 하는 사업을 말한다.

8. “항만물류”란 항만에서 화물이 공급자로부터 수요자에게 전달될 때까지 이루어지는 운송 · 보관 · 하역 및 포장 등 일련의 처리과정을 말한다.

9. “항만물류통합정보체계”란 관리청 및 항만을 이용하는 자가 항만물류비의 절감 및 각종 정보의 실시간 획득 등을 위하여 항만이용 및 항만물류의 과정에서 발생하는 정보를 정보통신망을 이용하여 상호교환 · 처리 및 활용하는 체계를 말한다.

10. “항만건설통합정보체계”란 관리청 및 항만개발사업 관련자가 신속한 행정업무처리와 비용 절감 등을 통하여 항만개발사업의 전반적인 효율을 높이기 위하여 항만개발사업의 계획 · 설계 · 계약 · 시공 · 유지 및 관리의 과정에서 발생하는 정보를 정보통신망을 이용하여 상호교환 · 처리 및 활용하는 체계를 말한다.

11. “항만배후단지”란 항만구역 또는 제6조제1항제8호에 따른 항만시설 설치 예정지역에 지원시설 및 항만친수시설을 집단적으로 설치하고 이들 시설의 기능 제고를 위하여 일반업무시설 · 판매시설 · 주거시설 등 대통령령으로 정하는 시설을 설치함으로써 항만의 부가가치와 항만 관련 산업의 활성화를 도모하며, 항만을 이용하는 사람의 편익을 꾀하기 위하여 제45조에 따라 지정한 구역을 말한다.

12. "항만배후단지개발사업"이란 항만배후단지를 개발하는 사업을 말한다.

13. "기반시설"이란 「국토의 계획 및 이용에 관한 법률」 제2조제6호에 따른 기반시설을 말한다.

14. "공공시설"이란 「국토의 계획 및 이용에 관한 법률」 제2조제13호에 따른 공공시설을 말한다.

15. "입주기업체"란 제45조제1호에 따른 1종 항만배후단지에 입주하기 위하여 제71조에 따라 입주계약을 체결한 자를 말한다.

제3조(항만의 구분 및 명칭·위치·구역 등) ① 항만은 다음 각 호의 항(港)으로 구분하되, 그 명칭·위치 및 구역은 대통령령으로 정한다.

1. 무역항
2. 연안항

② 무역항은 체계적이고 효율적인 관리·운영을 위하여 수출입 화물량, 개발계획 및 지역균형발전 등을 고려하여 대통령령으로 정하는 바에 따라 다음 각 호의 항으로 세분할 수 있다.

1. 국가관리무역항: 국내외 육상·해상운송망의 거점으로서 광역권의 배후화물을 처리하거나 주요 기간산업 지원 등으로 국가의 이해에 중대한 관계를 가지는 항만
2. 지방관리무역항: 지역별 육상·해상운송망의 거점으로서 지역산업에 필요한 화물처리를 주목적으로 하는 항만

③ 연안항은 체계적이고 효율적인 관리·운영을 위하여 지역의 여건 및 특성, 항만기능 등을 고려하여 대통령령으로 정하는 바에 따라 다음 각 호의 항으로 세분할 수 있다.

1. 국가관리연안항: 국가안보 또는 영해관리에 중요하거나 기상악화 등 유사시 선박의 대피를 주목적으로 하는 항만
2. 지방관리연안항: 지역산업에 필요한 화물의 처리, 여객의 수송 등 편익 도모, 관광 활성화 지원을 주목적으로 하는 항만

④ 국가는 국가관리연안항의 개발을 우선적으로 시행하거나 지원

하여야 한다.

제4조(중앙항만정책심의회 등) ① 다음 각 호의 사항을 심의하기 위하여 해양수산부장관 소속으로 중앙항만정책심의회(이하 "중앙심의회"라 한다)를 둔다. 〈개정 2023. 10. 24.〉

1. 제2조제5호바목에 따른 항만시설의 종류와 범위에 관한 사항
2. 제3조에 따른 항만의 구분 및 그 위치 등에 관한 사항
3. 제5조 및 제7조에 따른 항만기본계획의 수립 및 변경에 관한 사항
4. 제36조에 따른 항만시설 기술기준의 구축·운영에 관한 사항
5. 제37조에 따른 항만시설 관련 신기술의 적용 장려 및 시험시공 지원에 관한 사항
6. 제44조에 따른 항만배후단지개발 종합계획의 수립 및 변경에 관한 사항
7. 제45조 및 제46조에 따른 항만배후단지의 지정 및 변경에 관한 사항
8. 제49조에 따른 항만배후단지의 지정해제에 관한 사항
9. 다른 법률에서 중앙심의회의 심의사항으로 정하고 있는 사항
10. 그 밖에 항만의 개발·정비 및 관리·운영에 관하여 해양수산부장관이 심의에 부치는 사항

② 중앙심의회의 심의를 효율적으로 수행하기 위하여 대통령령으로 정하는 바에 따라 중앙심의회에 분과심의회를 둘 수 있다. 이 경우 분과심의회에서 심의한 사항은 중앙심의회에서 심의한 것으로 본다.

③ 제104조제1항에 따라 권한을 위임받은 기관의 장(이하 이 조에서 "수임기관의 장"이라 한다)의 자문에 응하고, 중앙심의회의 소관 사항 중 위임한 사항을 심의하기 위하여 수임기관의 장 소속으로 지방항만심의회를 둔다.

④ 제1항부터 제3항까지의 규정에 따른 중앙심의회, 분과심의회 및 지방항만심의회의 구성, 기능 및 운영 등에 필요한 사항은 대통령령으로 정한다.

제2장 항만기본계획

제5조(항만기본계획의 수립) ① 해양수산부장관은 항만의 개발을 촉진하고 항만을 효율적으로 운영하기 위하여 항만기본계획을 10년 단위로 수립하여야 한다.

② 해양수산부장관은 제1항에 따른 항만기본계획(이하 "항만기본계획"이라 한다)을 수립하려면 관계 시·도지사의 의견을 듣고, 관계 중앙행정기관의 장과 협의한 후 중앙심의회의 심의를 거쳐야 한다. 〈개정 2020. 2. 18.〉

③ 해양수산부장관은 관계 중앙행정기관의 장과 협의하여 항만기본계획에 따른 시행계획(이하 "시행계획"이라 한다)을 해양수산부령으로 정하는 바에 따라 수립·시행하고 이에 필요한 재원을 확보하기 위하여 노력하여야 한다.

④ 해양수산부장관은 항만기본계획 및 시행계획을 수립한 때에는 관계 중앙행정기관의 장 및 시·도지사에게 통보하고 국회 소관 상임위원회에 제출하여야 한다.

⑤ 해양수산부장관은 항만기본계획 및 시행계획을 수립하기 위하여 필요한 경우에는 관계 중앙행정기관의 장 또는 시·도지사에게 관련 자료의 제출을 요청할 수 있다. 이 경우 자료의 제출을 요청받은 관계 중앙행정기관의 장 또는 시·도지사는 정당한 사유가 없으면 이에 따라야 한다.

⑥ 해양수산부장관은 합리적인 항만기본계획 및 시행계획을 수립하기 위하여 대통령령으로 정하는 바에 따라 개발 시기 및 규모 등의 산정에 필요한 조사·연구를 수행할 전담기관을 지정할 수 있다.

⑦ 해양수산부장관은 제6항에 따라 지정된 전담기관이 조사·연구를 수행하는 데 필요한 경비를 예산의 범위에서 지원할 수 있다.

제6조(항만기본계획의 내용) ① 항만기본계획에는 다음 각 호의 사항이 포함되어야 한다.

1. 항만의 구분 및 그 위치 등에 관한 사항
2. 항만의 관리·운영 계획에 관한 사항

3. 항만시설의 장래 수요에 관한 사항
4. 항만시설의 공급에 관한 사항
5. 항만시설의 규모와 개발 시기에 관한 사항
6. 항만시설의 용도, 기능 개선 및 정비에 관한 사항
7. 항만의 연계수송망 구축에 관한 사항
8. 항만시설 설치 예정지역(항만구역 밖에 위치하는 것을 포함한다)에 관한 사항
9. 그 밖에 해양수산부장관이 필요하다고 인정하는 사항

② 해양수산부장관은 「산업입지 및 개발에 관한 법률」 제6조·제7조 및 제7조의2에 따라 수립된 산업단지개발계획에 항만건설계획이 포함되어 있는 경우에는 그 산업단지개발계획을 항만기본계획에 반영하여야 한다.

제7조(항만기본계획의 변경) ① 해양수산부장관은 항만기본계획이 수립된 날부터 5년마다 항만시설 수급 전망, 항만물동량 수요 예측 등 그 타당성을 검토하여야 하며, 필요한 경우 항만기본계획을 변경할 수 있다.

② 제1항에도 불구하고 해양수산부장관은 급격한 경제상황의 변동이 있거나 항만의 효율적 개발·관리·운영 등을 위하여 필요한 경우에는 항만기본계획을 변경할 수 있다.

③ 제1항 및 제2항에 따른 항만기본계획의 변경에 관하여는 제5조제2항·제4항 및 제5항을 준용한다. 다만, 대통령령으로 정하는 경미한 사항을 변경하는 경우에는 그러하지 아니하다.

제8조(항만기본계획의 고시) 해양수산부장관은 제5조 또는 제7조에 따라 항만기본계획을 수립하거나 변경한 경우에는 해양수산부령으로 정하는 바에 따라 고시하여야 한다.

제3장 항만의 개발

제9조(항만개발사업의 시행자 등) ① 항만개발사업은 관리청이 시행한다. 〈개정 2020. 2. 18.〉

② 관리청이 아닌 자가 항만개발사업을 시행하려는 경우에는 대통령령으로 정하는 바에 따라 항만개발사업계획을 작성하여 관리청의 허가를 받아야 한다. 다만, 다음 각 호의 어느 하나에 해당하는 항만개발사업은 그러하지 아니하다. 〈개정 2020. 2. 18.〉

1. 제15조제1항 단서에 따라 국가나 특별시 · 광역시 · 도 또는 특별자치도(이하 "시 · 도"라 한다)에 귀속되지 아니하는 항만시설을 유지 · 보수하는 항만개발사업

2. 다음 각 목의 요건을 모두 충족하는 항만개발사업

가. 제31조제1항에 따른 신고 대상 항만시설 중 제2조제5호나목2)에 따른 고정식 또는 이동식 하역장비를 추가 · 교체하는 항만개발사업일 것

나. 해당 구역의 설계하중을 초과하지 아니하는 범위에서 시행하는 항만개발사업일 것

③ 관리청은 제2항에 따라 항만개발사업 시행허가를 받으려는 자가 다음 각 호의 요건을 모두 갖춘 경우에는 이를 허가하여야 한다. 〈개정 2020. 2. 18., 2022. 1. 4.〉

1. 제2항 본문에 따른 항만개발사업계획(이하 "항만개발사업계획"이라 한다)이 다음 각 목의 기본계획에 위배되지 아니할 것

가. 항만기본계획

나. 「항만 재개발 및 주변지역 발전에 관한 법률」 제5조제1항에 따른 항만재개발기본계획

다. 「신항만건설 촉진법」 제3조제1항에 따른 신항만건설기본계획

2. 항만의 관리 · 운영상 항만개발사업의 필요성이 있을 것

3. 재원조달능력 등 해양수산부령으로 정하는 기준에 따라 항만개발사업을 시행할 사업수행능력이 있을 것

4. 화물의 제조시설인 경우에는 오염배출 정도 등 대통령령으로 정하는 입지기준에 적합할 것

5. 총사업비 500억원 이상의 항만개발사업(제15조제1항 단서에

따라 국가 또는 시·도에 귀속되지 아니하는 토지 및 항만시설에 관한 항만개발사업 의 경우에는 토지 또는 토지 형태의 항만시설을 조성하는 항만개발사업으로 한정한다)의 경우에는 대통령령으로 정하는 바에 따라 경제성 등 사업 추진의 타당성을 검토한 결과 타당성이 있을 것

6. 이 법 또는 다른 법률에 따라 해당 토지 또는 항만시설을 개발할 계획이 없을 것

④ 관리청은 제2항 본문에 따른 허가의 신청을 받은 날부터 20일 이내에 허가 여부를 신청인에게 통지하여야 한다. 다만, 항만시설의 유지·보수에 관한 항만개발사업의 경우에는 14일 이내에 통지하여야 한다. 〈개정 2020. 2. 18.〉

⑤ 관리청이 제4항에서 정한 기간 내에 허가 여부 또는 민원 처리 관련 법령에 따른 처리기간의 연장 여부를 신청인에게 통지하지 아니하면 그 기간(민원 처리 관련 법령에 따라 처리기간이 연장 또는 재연장된 경우에는 해당 처리기간을 말한다)이 끝난 날의 다음 날에 허가를 한 것으로 본다. 〈개정 2020. 2. 18.〉

⑥ 제2항 본문에 따라 관리청의 허가를 받은 자(이하 "비관리청"이라 한다)는 허가받은 내용 중 대통령령으로 정하는 내용을 변경하려는 경우에는 변경된 항만개발사업계획을 작성하여 관리청의 허가를 받아야 한다. 이 경우 그 변경된 항만개발사업계획의 허가에 관하여는 제3항부터 제5항까지의 규정을 준용한다. 〈개정 2022. 1. 4.〉

⑦ 관리청은 대통령령으로 정하는 일정 규모 이상의 항만개발사업을 허가하려는 경우에는 해양수산부령으로 정하는 바에 따라 이를 미리 공고하여야 한다. 〈개정 2020. 2. 18.〉

⑧ 관리청은 제7항에 따라 공고한 항만개발사업에 대하여 허가신청인의 항만개발사업계획, 재원조달능력 등 해양수산부령으로 정하는 기준에 따라 평가한 후 적격자 중에서 우선순위자에게 허가하여야 한다. 〈개정 2020. 2. 18.〉

⑨ 관리청은 제1항에 따라 항만개발사업을 시행하거나 제2항 본

문, 제6항 또는 제8항에 따라 항만개발사업을 허가한 경우에는 해양수산부령으로 정하는 바에 따라 그 사실을 고시하여야 한다. 〈개정 2020. 2. 18.〉

⑩ 제1항부터 제9항까지의 규정에도 불구하고 항만개발사업의 시행자에 관하여 이 법 또는 다른 법률에 특별한 규정이 있으면 그 규정에 따른다.

제10조(항만개발사업실시계획의 수립과 승인 등) ① 관리청 또는 비관리청은 대통령령으로 정하는 바에 따라 항만개발사업에 착수하기 전에 항만개발사업실시계획을 수립하여야 하며, 항만개발사업실시계획을 수립하거나 변경(대통령령으로 정하는 경미한 사항의 변경은 제외한다)한 경우에는 이를 공고하여야 한다. 다만, 비관리청이 수립한 항만개발사업실시계획의 경우에는 관리청이 공고한다. 〈개정 2020. 2. 18.〉

② 비관리청은 제1항에 따른 항만개발사업실시계획(이하 "항만개발사업실시계획"이라 한다)을 수립하거나 변경하려면 대통령령으로 정하는 바에 따라 관리청의 승인을 받아야 한다. 다만, 대통령령으로 정하는 경미한 사항을 변경하는 경우에는 해양수산부령으로 정하는 바에 따라 관리청에 신고하여야 한다. 〈개정 2020. 2. 18., 2022. 1. 4.〉

③ 관리청은 항만개발사업을 시행하기 위하여 수용하거나 사용할 토지, 물건 또는 권리가 있는 경우에는 그 세부목록을 포함하여 제1항에 따라 항만개발사업실시계획을 수립·공고하여야 하며, 해당 토지, 물건 또는 권리의 소유자 및 권리자에게 알려야 한다. 다만, 관리청은 항만개발사업의 시행을 위하여 불가피하다고 인정되면 항만개발사업실시계획을 수립·공고한 후 그 수용하거나 사용할 토지, 물건 또는 권리의 세부목록을 별도로 작성·공고할 수 있다. 〈개정 2022. 1. 4.〉

④ 관리청은 제2항 본문에 따라 항만개발사업실시계획의 승인을 받으려는 비관리청이 다음 각 호의 요건을 모두 갖춘 경우에는 이

를 승인하여야 한다. 〈개정 2020. 2. 18.〉

1. 항만개발사업실시계획이 항만개발사업계획에 적합할 것

2. 연차별 자금투자계획 및 재원조달계획 등 자금계획이 항만개발사업 실시계획에 부합할 것

3. 항만개발사업실시계획이 「환경영향평가법」 제27조부터 제40조까지 및 제41조에 따른 협의 내용의 이행사항을 충족할 것

⑤ 비관리청은 제2항에도 불구하고 제15조제1항 단서에 따라 국가 또는 시·도에 귀속되지 아니하는 항만시설로서 대통령령으로 정하는 항만시설에 대하여 항만개발사업실시계획을 수립하려는 경우에는 대통령령으로 정하는 바에 따라 관리청에 신고하여야 한다. 〈개정 2020. 2. 18.〉

⑥ 제2항 본문에 따른 항만개발사업실시계획의 수립에 대한 승인 신청 또는 제5항에 따른 신고는 제9조제2항 본문에 따른 허가를 받은 날부터 1년 이내에 하여야 한다. 다만, 대통령령으로 정하는 사유가 있으면 1년의 범위에서 1회에 한정하여 연장할 수 있다.

⑦ 관리청은 제2항 단서 또는 제5항에 따른 신고를 받은 경우 그 내용을 검토하여 이 법에 적합하면 신고를 수리하여야 한다. 〈개정 2022. 1. 4.〉

제11조(비관리청의 항만개발사업 시행) 비관리청은 제10조제2항 또는 제5항에 따라 항만개발사업실시계획의 승인을 받거나 신고를 한 날부터 1년 이내에 항만개발사업을 착수하고 항만개발사업실시계획에서 정한 기한까지 준공하여야 한다. 다만, 관리청은 해양수산부령으로 정하는 사유에 해당하면 비관리청의 신청을 받아 착수시기 또는 준공기한을 연기할 수 있다. 〈개정 2020. 2. 18., 2022. 12. 27.〉

제12조(항만개발사업의 준공) ① 관리청은 제9조제1항에 따라 항만개발사업을 시행하여 완료한 경우에는 대통령령으로 정하는 바에 따라 항만개발사업의 완료를 공고하여야 한다. 〈개정 2020. 2. 18.〉

② 비관리청은 제9조제2항 본문에 따라 허가받은 항만개발사업을

끝내면 지체 없이 항만개발사업 준공보고서를 첨부하여 관리청에 준공확인을 신청하여야 한다. 〈개정 2020. 2. 18.〉

③ 제2항에 따라 준공확인을 신청받은 관리청은 대통령령으로 정하는 바에 따라 준공검사를 한 후 그 항만개발사업이 허가한 내용대로 시행되었다고 인정되면 해양수산부령으로 정하는 준공확인증명서를 비관리청에 내주어야 한다. 〈개정 2020. 2. 18.〉

④ 관리청이 제1항에 따라 항만개발사업의 완료를 공고하거나 제3항에 따른 준공확인증명서를 내준 경우에는 제98조제1항 각 호의 허가 등에 따른 해당 사업 등의 준공검사 또는 준공인가 등을 받은 것으로 본다. 〈개정 2020. 2. 18.〉

⑤ 누구든지 제1항에 따라 항만개발사업의 완료를 공고하기 전이나 제3항에 따라 준공확인증명서를 받기 전에는 항만개발사업으로 조성되거나 설치된 토지 또는 항만시설을 사용할 수 없다. 다만, 해양수산부령으로 정하는 바에 따라 관리청에 준공 전 사용신고를 한 경우에는 그러하지 아니하다. 〈개정 2020. 2. 18.〉

⑥ 관리청은 제5항 단서에 따른 신고를 받은 경우 그 내용을 검토하여 이 법에 적합하면 신고를 수리하여야 한다. 〈개정 2022. 1. 4.〉

제13조(부수공사의 시행) 관리청이나 비관리청은 항만개발사업을 시행할 때 그 항만개발사업과 직접 관련되는 부수공사(附隨工事)를 항만개발사업으로 보고 항만개발사업과 함께 시행할 수 있다. 〈개정 2020. 2. 18.〉

제14조(항만공사의 대행) ① 해양수산부장관은 시·도지사와 협의하여 시·도지사가 시행할 항만개발사업 중 군함, 경찰용 선박 및 그 밖에 국가가 소유하거나 운영하는 선박이 이용하는 항만시설에 관한 항만개발사업 등 대통령령으로 정하는 항만개발사업을 대행할 수 있다. 이 경우 대행하는 항만개발사업에 드는 비용은 국가가 부담한다. 〈신설 2020. 2. 18.〉

② 관리청은 항만개발사업을 효율적으로 시행하기 위하여 필요하다고 인정되면 비관리청과 협의하여 제9조제2항 본문에 따라 허가

한 비관리청의 항만개발사업을 그 비관리청의 비용 부담으로 대행할 수 있다. 〈개정 2020. 2. 18.〉

[제목개정 2020. 2. 18.]

제15조(항만시설의 귀속 등) ① 제9조제2항 본문에 따른 비관리청의 항만개발사업으로 조성되거나 설치된 토지 및 항만시설은 준공과 동시에 국가 또는 시·도에 귀속된다. 다만, 대통령령으로 정하는 토지 및 항만시설은 그러하지 아니하다. 〈개정 2020. 2. 18.〉

② 「항만공사법」에 따라 설립된 항만공사가 그 재원으로 같은 법 제22조제1항에 따라 실시계획의 승인을 받아 항만시설공사를 시행하여 조성한 토지 및 설치한 항만시설이 준공된 경우 그 토지 및 항만시설은 제1항 본문에도 불구하고 항만공사에 귀속된다.

③ 비관리청은 제1항 본문에 따라 국가 또는 시·도에 귀속된 항만시설을 총사업비의 범위에서 대통령령으로 정하는 바에 따라 관리청의 허가를 받아 무상으로 사용할 수 있다. 이 경우 무상으로 항만시설을 사용할 수 있는 기간에는 제12조제5항 단서에 따라 신고한 준공 전 사용기간을 산입한다. 〈개정 2022. 1. 4.〉

④ 비관리청은 제3항에 따라 국가 또는 시·도에 귀속된 항만시설을 무상으로 사용하는 경우 해당 항만시설을 성실하게 유지·관리하여야 한다. 〈개정 2020. 2. 18.〉

⑤ 비관리청은 제3항에 따라 국가 또는 시·도에 귀속된 항만시설을 무상으로 사용하는 경우 타인에게 그 시설을 사용하게 할 수 있다. 〈개정 2020. 2. 18.〉

제16조(토지의 매도청구) ① 비관리청은 제12조제3항에 따른 준공확인증명서를 발급받은 날부터 1년 이내에 제15조제1항 본문에 따라 국가 또는 시·도가 취득한 토지 중 대통령령으로 정하는 토지의 매도를 청구할 수 있다. 이 경우 국가 또는 시·도는 공용 또는 공공용으로 사용할 경우를 제외하고는 그 청구를 거절하지 못한다. 〈개정 2022. 1. 4.〉

② 제1항에 따른 토지의 매각 가격 및 그 산정 절차는 「국유재산

법」 제44조 또는 「공유재산 및 물품 관리법」 제30조에도 불구하고 대통령령으로 정할 수 있다. 〈개정 2022. 1. 4.〉

제17조(비귀속 토지·항만시설의 목적 외 사용 금지) 제15조제1항 단서에 따라 국가 또는 시·도에 귀속되지 아니하는 토지 및 항만시설을 사용하는 자는 제6조제1항제6호에 따른 항만시설의 용도 및 제9조제2항 본문에 따른 허가 목적에 맞게 사용하여야 한다. 〈개정 2022. 1. 4.〉

제18조(전용 목적의 토지·항만시설의 임대 금지) ① 제15조제1항 단서에 따라 국가 또는 시·도에 귀속되지 아니하는 토지 및 항만시설 중 비관리청이 전용(專用)할 목적으로 제9조제2항 본문에 따른 허가를 받아 조성·설치한 토지 및 항만시설을 취득한 자는 해당 토지 및 항만시설을 타인에게 임대할 수 없다. 다만, 해양수산부령으로 정하는 바에 따라 관리청의 허가를 받은 경우에는 그러하지 아니하다. 〈개정 2022. 1. 4., 2022. 12. 27.〉

② 제1항 단서에 따라 관리청의 허가를 받아 토지 및 항만시설을 임대하는 경우의 임대료 징수 기준·방법 및 그 밖에 필요한 사항은 해양수산부령으로 정한다. 〈신설 2022. 12. 27.〉

제19조(비귀속 토지·항만시설의 양도제한 등) ① 제15조제1항 단서에 따라 국가 또는 시·도에 귀속되지 아니하는 토지 및 항만시설 중 대통령령으로 정하는 토지 및 항만시설을 취득한 자는 다음 각 호의 어느 하나에 해당하는 경우 외에는 해당 토지 및 항만시설을 타인에게 양도할 수 없다. 〈개정 2022. 1. 4., 2023. 10. 24.〉

1. 해당 토지 및 항만시설을 취득한 날(비관리청의 경우에는 제12조제3항에 따른 준공확인증명서를 발급받은 날을 말한다)부터 10년이 지난 경우

2. 상속 등 대통령령으로 정하는 경우

3. 「국유재산법」에 따라 국가에 기부채납하는 경우 또는 「공유재산 및 물품 관리법」에 따라 시·도에 기부채납하는 경우

4. 비관리청이 분양 등을 목적으로 제9조제2항에 따른 항만개발

사업계획의 허가와 제10조제2항에 따른 항만개발사업실시계획의 승인을 받아 2종 항만배후단지에 설치한 항만시설을 양도하는 경우

② 제1항제1호 또는 제2호에 따라 토지 및 항만시설을 양도받은 자는 해양수산부령으로 정하는 바에 따라 양수일부터 15일 이내에 양수 사실을 확인할 수 있는 서류를 갖추어 관리청에게 신고하여야 한다. 〈개정 2022. 1. 4.〉

③ 제1항제3호에 따라 토지 및 항만시설을 국가 또는 시·도에 기부채납한 자는 기부한 재산의 가액의 범위에서 해당 토지 및 항만시설을 대통령령으로 정하는 바에 따라 관리청의 허가를 받아 무상으로 사용할 수 있다. 〈개정 2022. 1. 4.〉

④ 제3항에 따라 국가 또는 시·도에 기부한 토지 및 항만시설을 무상으로 사용하는 자는 타인에게 그 토지 및 항만시설을 사용하게 할 수 있다. 〈개정 2022. 1. 4.〉

⑤ 해양수산부장관은 제1항제3호에 따라 국가 또는 시·도에 기부채납된 토지 및 항만시설의 효율적인 관리·운영 등을 위하여 필요하다고 인정되면 제7조제2항에 따라 항만기본계획을 변경하는 등 필요한 조치를 할 수 있다. 〈개정 2022. 1. 4.〉

제4장 항만의 관리와 사용

제20조(항만의 관리) ① 관리청은 무역항과 연안항을 관리한다. 〈개정 2020. 2. 18.〉

② 관리청은 항만을 효율적으로 관리·운영하기 위하여 필요한 경우 해양수산부령으로 정하는 바에 따라 항만별로 항만운영세칙을 정할 수 있다. 〈개정 2022. 1. 4.〉

제21조(분구의 설정 등) 관리청은 항만을 효율적으로 개발하고 관리·운영하기 위하여 필요한 경우에는 항만구역에 대통령령으로 정하는 바에 따라 다음 각 호의 분구(分區)를 설정할 수 있다. 〈개정 2020. 2. 18.〉

1. 상업항구(商業港區)

2. 공업항구(工業港區)
3. 어항구
4. 여객항구(旅客港區)
5. 보급(補給) 및 지원항구(支援港區)
6. 위험물항구(危險物港區)
7. 보안항구(保安港區)
8. 위락항구(慰樂港區)
9. 친수항구

제22조(항만대장) ① 관리청은 항만을 관리·운영하기 위하여 항만별로 항만대장을 작성하여 갖추어 두어야 한다. 〈개정 2020. 2. 18.〉

② 항만대장의 작성·비치·기재사항 등에 관한 사항은 해양수산부령으로 정한다.

제23조(항만관리법인) ① 해양수산부장관 또는 시·도지사는 항만시설의 관리 및 경비·보안 등의 업무를 담당하는 법인(이하 "항만관리법인"이라 한다)을 지정할 수 있다. 〈개정 2020. 2. 18.〉

② 항만관리법인의 지정 및 감독 등에 필요한 사항은 대통령령으로 정한다.

제24조(항만시설관리권) ① 관리청은 항만시설을 유지·관리하고 그 항만시설을 사용하는 자(이하 "사용자"라 한다)로부터 사용료를 받을 수 있는 권리(이하 "항만시설관리권"이라 한다)를 설정할 수 있다. 〈개정 2020. 2. 18.〉

② 항만시설관리권은 물권(物權)으로 보며, 이 법에 특별한 규정이 없으면 「민법」 중 부동산에 관한 규정을 준용한다.

③ 저당권이 설정된 항만시설관리권은 그 저당권자의 동의가 없으면 처분할 수 없다.

제25조(항만시설관리권의 등록 등) ① 제24조제1항에 따라 항만시설관리권을 설정받은 자는 관리청에 등록하여야 한다. 등록한 사항을 변경하려는 경우에도 또한 같다. 〈개정 2022. 1. 4.〉

② 항만시설관리권이나 항만시설관리권을 목적으로 하는 저당권의 설정·변경·소멸 및 처분의 제한에 관한 사항은 관리청에 갖추어 두는 항만시설관리권 등록원부에 등록함으로써 그 효력이 생긴다. 〈개정 2022. 1. 4.〉

③ 제1항 및 제2항에 따른 항만시설관리권 등의 등록에 필요한 사항은 대통령령으로 정한다.

④ 항만시설관리권의 등록에 관하여 이 법에 특별한 규정이 있는 경우를 제외하고는 「부동산등기법」을 준용한다.

⑤ 항만시설관리권의 등록에 대한 송달에 관하여는 「민사소송법」을 준용하고, 이의(異議)의 비용에 관하여는 「비송사건절차법」을 준용한다.

第26조(항만물류통합정보체계의 구축·운영) ① 해양수산부장관은 항만이용 및 항만물류와 관련된 정보관리와 민원사무 처리 등을 위하여 필요한 경우에는 항만물류통합정보체계를 구축·운영할 수 있다.

② 해양수산부장관 또는 항만물류통합정보체계의 이용자가 항만물류통합정보체계에서 정하는 표준화된 서식이나 표준전자문서를 이용하여 이 법에 따른 민원사무와 항만물류 관련 업무를 처리한 경우에는 이 법의 해당 규정에 따라 처리한 것으로 본다.

③ 항만물류통합정보체계를 이용하여 민원사무를 처리하려는 자는 해양수산부장관에게 신청하여 등록번호를 부여받아야 한다.

④ 해양수산부장관은 항만물류통합정보체계의 장애 등으로 항만물류통합정보체계를 통한 민원사무의 처리가 불가능한 경우에는 이용자에게 민원서류를 직접 제출하게 할 수 있다.

⑤ 제1항부터 제4항까지에서 규정한 사항 외에 항만물류통합정보체계의 구축·운영 및 이용 등에 필요한 사항은 대통령령으로 정한다.

第27조(항만건설통합정보체계의 구축·운영) ① 해양수산부장관은 항만개발사업 및 항만시설의 관리·운영과 관련된 정보 관리 및 민원사무 처리 등을 위하여 필요한 경우에는 항만건설통합정보체계를 구축·운영할 수 있다.

② 해양수산부장관은 제1항에 따라 항만건설통합정보체계를 구축·운영하기 위하여 다른 중앙행정기관, 지방자치단체 및 「공공기관의 운영에 관한 법률」에 따른 공공기관(이하 "공공기관"이라 한다)의 장에게 필요한 자료 또는 정보의 제공을 요청할 수 있다.

③ 해양수산부장관은 항만개발사업 및 항만시설의 관리·운영과 관련된 정보를 적절하게 관리하기 위하여 제1항에 따른 항만건설통합정보체계 구축·운영 업무를 대통령령으로 정하는 전담기관에 위탁할 수 있다. 〈개정 2022. 12. 27.〉

④ 해양수산부장관은 제3항에 따라 전담기관이 위탁업무를 수행하는 데 필요한 비용을 예산의 범위에서 지원할 수 있다. 〈신설 2022. 12. 27.〉

⑤ 항만건설통합정보체계의 운영 및 이용에 관하여는 제26조제2항 및 제4항을 준용한다. 이 경우 "항만물류통합정보체계"는 "항만건설통합정보체계"로, "항만물류 관련 업무"는 "항만개발사업 및 항만시설의 관리·운영과 관련된 업무"로 본다. 〈개정 2022. 12. 27.〉

⑥ 제1항부터 제5항까지에서 규정한 사항 외에 항만건설통합정보체계의 구축·운영 등에 필요한 사항은 대통령령으로 정한다. 〈개정 2022. 12. 27.〉

제28조(금지행위 등) ① 누구든지 정당한 사유 없이 항만에서 다음 각 호의 행위를 해서는 아니 된다.

1. 유독물이나 동물의 사체를 버리는 행위
2. 다량의 토석(土石)이나 쓰레기를 버리는 등 항만의 깊이에 영향을 줄 우려가 있는 행위
3. 그 밖에 항만의 보전 또는 그 사용에 지장을 줄 우려가 있는 행위로서 대통령령으로 정하는 행위

② 관리청은 항만구역 내 안전사고 예방을 위하여 인명사고가 자주 발생하거나 발생할 우려가 높은 다음 각 호의 장소에 대하여 출입통제를 할 수 있다. 〈개정 2022. 1. 4.〉

1. 항만구역 내 방파제, 호안, 해안가 등 파도의 직접적인 영향을 받는 장소

2. 화물차량, 하역장비 등이 이동하거나 작업하는 장소

3. 그 밖에 안전사고가 자주 발생하는 장소

③ 관리청은 제2항에 따른 출입통제를 하려는 경우에는 그 사유와 기간 등 해양수산부령으로 정하는 사항을 포함하여 공고하고, 정보통신매체를 통하여 이를 적극 알려야 한다. 〈개정 2022. 1. 4.〉

④ 관리청은 제2항에 따른 출입통제 사유가 없어졌거나 필요가 없다고 인정하는 경우에는 즉시 출입통제 조치를 해제하고 제3항에 따른 공고 등을 하여야 한다. 〈개정 2022. 1. 4.〉

⑤ 출입통제의 공고 절차와 방법 등에 관한 사항은 해양수산부령으로 정한다.

제28조(금지행위 등) ① 누구든지 정당한 사유 없이 항만에서 다음 각 호의 행위를 해서는 아니 된다. 〈개정 2024. 2. 6.〉

1. 인체급성유해성물질, 인체만성유해성물질, 생태유해성물질이나 동물의 사체를 버리는 행위

2. 다량의 토석(土石)이나 쓰레기를 버리는 등 항만의 깊이에 영향을 줄 우려가 있는 행위

3. 그 밖에 항만의 보전 또는 그 사용에 지장을 줄 우려가 있는 행위로서 대통령령으로 정하는 행위

② 관리청은 항만구역 내 안전사고 예방을 위하여 인명사고가 자주 발생하거나 발생할 우려가 높은 다음 각 호의 장소에 대하여 출입통제를 할 수 있다. 〈개정 2022. 1. 4.〉

1. 항만구역 내 방파제, 호안, 해안가 등 파도의 직접적인 영향을 받는 장소

2. 화물차량, 하역장비 등이 이동하거나 작업하는 장소

3. 그 밖에 안전사고가 자주 발생하는 장소

③ 관리청은 제2항에 따른 출입통제를 하려는 경우에는 그 사유와 기간 등 해양수산부령으로 정하는 사항을 포함하여 공고하고, 정

보통신매체를 통하여 이를 적극 알려야 한다. 〈개정 2022. 1. 4.〉

④ 관리청은 제2항에 따른 출입통제 사유가 없어졌거나 필요가 없다고 인정하는 경우에는 즉시 출입통제 조치를 해제하고 제3항에 따른 공고 등을 하여야 한다. 〈개정 2022. 1. 4.〉

⑤ 출입통제의 공고 절차와 방법 등에 관한 사항은 해양수산부령으로 정한다.

[시행일: 2025. 8. 7.] 제28조

제29조(환경실태조사) ① 정부는 항만을 환경친화적으로 관리·운영하기 위하여 항만구역에 대한 환경실태조사를 실시할 수 있다.

② 제1항에 따른 환경실태조사의 범위·대상 및 방법 등에 관한 사항은 대통령령으로 정한다.

제30조(온실가스 등 감축) ① 이 법, 「해운법」 및 「항만운송사업법」 등 관계 법령에 따른 면허·허가·등록 등을 받아 항만구역 안에서 사업을 영위하는 자(이하 "항만사업자"라 한다)는 저탄소 항만의 유지·관리를 위하여 항만시설 이용에 있어 온실가스와 오염물질 배출을 줄이도록 노력하여야 한다.

② 정부는 항만사업자에게 온실가스 등의 배출을 방지하거나 감축하기 위하여 필요한 설비의 설치 등을 권고할 수 있다.

제31조(시설장비의 신고) ① 갑문, 운하, 하역장비, 그 밖에 조작이 필요한 항만시설 중 대통령령으로 정하는 항만시설(이하 "시설장비"라 한다)을 사용·관리하는 자(관리청은 제외한다. 이하 "시설장비관리자"라 한다)는 해당 시설장비를 설치하거나 철거하려는 경우에는 미리 관리청에 신고하여야 한다. 〈개정 2020. 2. 18.〉

② 관리청은 제1항에 따른 신고를 받은 경우 그 내용을 검토하여 이 법에 적합하면 신고를 수리하여야 한다. 〈개정 2022. 1. 4.〉

③ 제1항에 따른 신고의 절차에 관하여는 해양수산부령으로 정한다.

제32조(시설장비의 자체점검 등) ① 시설장비관리자는 매년 1회 이상 해양수산부령으로 정하는 바에 따라 사용·관리하는 시설장비를 자체점검하여야 하며, 자체점검 결과 정비나 보수가 필요한 시설장

비에 대해서는 지체 없이 필요한 조치를 하여야 한다.

② 시설장비관리자는 해양수산부령으로 정하는 바에 따라 사용·관리하는 시설장비의 자체점검기록과 정비·보수에 관한 기록을 작성하여 관리하여야 한다.

제33조(시설장비의 검사 등) ① 시설장비관리자는 사용·관리하는 시설장비에 대하여 다음 각 호의 구분에 따라 관리청이 실시하는 검사를 받아야 한다. 〈개정 2020. 2. 18.〉

1. 제조검사: 시설장비를 제조할 때에 하는 검사
2. 설치검사: 완제품 형태의 시설장비를 설치할 때에 하는 검사
3. 정기검사: 사용 중인 시설장비의 안전상태를 확인하기 위하여 제조검사일이나 설치검사일부터 해양수산부령으로 정하는 기간마다 정기적으로 하는 검사
4. 수시검사: 고정식 시설장비를 이설(移設)하거나 시설장비의 구조를 변경할 때에 하는 검사

② 제1항에 따른 검사종류별 검사 대상 시설장비의 범위와 검사 방법 등에 관한 사항은 해양수산부령으로 정한다.

③ 제1항에 따른 검사를 받으려는 자는 관리청에 수수료를 내야 한다. 〈개정 2020. 2. 18.〉

제34조(검사의 면제 등) ① 다음 각 호의 어느 하나에 해당하는 검사·점검 또는 진단 등을 받은 시설장비는 해양수산부령으로 정하는 구분에 따라 제33조제1항에 따른 검사를 면제한다.

1. 「전기사업법」 제65조에 따른 정기검사
2. 「시설물의 안전 및 유지관리에 관한 특별법」 제11조에 따른 안전점검 또는 같은 법 제12조에 따른 정밀안전진단
3. 그 밖에 다른 법령에 따른 검사·점검 또는 진단 등으로서 대통령령으로 정하는 것

② 해양수산부령으로 정하는 기술인력과 시설을 갖춘 시설장비관리자가 사용·관리하는 시설장비에 대하여 자체검사를 한 후 검사성적서를 관리청에 제출하여 서면심사를 받은 경우에는 제33조제1항

제3호에 따른 정기검사를 받은 것으로 본다. 〈개정 2020. 2. 18.〉

제35조(검사업무의 대행) ① 관리청은 제33조제1항에 따른 검사업무를 해양수산부장관이 지정하는 자(이하 "검사대행기관"이라 한다)에게 대행하게 할 수 있다. 〈개정 2020. 2. 18.〉

② 검사대행기관으로 지정을 받으려는 자는 해양수산부령으로 정하는 기준에 적합한 기술인력과 시설을 갖추어야 한다.

③ 검사대행기관이 검사업무를 대행하는 경우에는 제33조제3항에 따른 수수료를 해당 검사대행기관에 내야 한다.

④ 해양수산부장관은 검사대행기관이 다음 각 호의 어느 하나에 해당하는 경우에는 그 지정을 취소하거나 6개월 이내의 기간을 정하여 검사대행의 자격을 정지시킬 수 있다. 다만, 제1호에 해당하는 경우에는 그 지정을 취소하여야 한다.

1. 거짓이나 그 밖의 부정한 방법으로 지정을 받은 경우
2. 제2항에 따른 지정기준에 미치지 못하게 된 경우
3. 제5항에 따른 검사업무의 개선명령 등의 조치를 이행하지 아니한 경우
4. 정당한 사유 없이 3개월 이상 검사업무를 하지 아니한 경우
5. 검사기준에서 정한 검사를 실시하지 아니하고 거짓으로 검사증서를 발급하거나 검사결과와 다르게 검사증서를 발급하는 등 검사업무를 부적정하게 실시한 경우

⑤ 해양수산부장관은 매년 1회 검사대행기관의 검사업무를 확인·점검할 수 있으며, 검사대행기관으로부터 검사결과를 받아 확인·점검한 후 필요한 경우에는 검사업무의 개선을 명하는 등 필요한 조치를 할 수 있다.

제36조(항만시설의 기술기준) ① 해양수산부장관은 수역시설, 외곽시설, 계류시설, 그 밖에 대통령령으로 정하는 항만시설에 대하여 기술기준을 정하여 고시할 수 있다.

② 항만개발사업을 설계하거나 시공하려는 자는 제1항에 따른 기술기준과 해양수산부장관이 정하여 고시하는 내진설계(耐震設計) 기

준에 맞게 설계하거나 시공하여야 한다.

③ 해양수산부장관은 제1항에 따른 기술기준의 발전을 위하여 다음 각 호의 업무를 수행할 수 있다.

1. 기술기준의 관리 및 운영
2. 기술기준의 연구·개발 및 보급
3. 기술기준의 검증 및 평가
4. 국제 기술기준 관련 제도·정책의 동향에 관한 조사 및 분석
5. 그 밖에 대통령령으로 정하는 업무

④ 해양수산부장관은 제3항에 따른 항만시설 기술기준의 발전을 위한 업무를 대통령령으로 정하는 전문기관에 위탁할 수 있다.

⑤ 해양수산부장관은 제4항에 따라 업무를 위탁받은 전문기관에 예산의 범위에서 위탁업무 수행에 필요한 비용을 지원할 수 있다.

제37조(신기술의 활용) ① 해양수산부장관은 항만시설과 관련된 신기술의 개발 및 활용을 촉진하기 위하여 「해양수산과학기술 육성법」 및 「건설기술 진흥법」 등 관계 법령에 따라 지정된 신기술의 항만개발사업에의 적용을 장려하고, 신기술의 시험시공을 지원할 수 있다.

② 제1항에 따른 적용 장려 및 시험시공 지원 대상 등은 평가를 거쳐 정하며, 그 평가방법 및 절차 등은 해양수산부령으로 정한다.

③ 제2항에 따른 평가를 거쳐 항만시설과 관련된 신기술을 적용하는 항만개발사업의 관리청 소속 계약사무담당자 및 설계 등 업무 담당자는 고의 또는 중대한 과실이 없으면 해당 신기술의 적용으로 발생한 해당 기관의 손실에 대하여 책임을 지지 아니한다. 다만, 「국가배상법」에 따른 책임은 면제되지 아니한다. 〈신설 2023. 10. 24.〉

제38조(항만시설의 안전점검) ① 항만시설의 소유자는 다음 각 호의 구분에 따라 안전점검을 실시하여야 한다.

1. 갑문시설 및 1만톤급 이상의 계류시설: 「시설물의 안전 및 유지관리에 관한 특별법」에 따른 정기안전점검·정밀안전점검·긴급안전점검·정밀안전진단

2. 제1호 외의 항만시설: 대통령령으로 정하는 바에 따른 정기안

전점검 · 정밀안전점검 · 긴급안전점검

② 관리청은 제1항에 따른 안전점검이 제대로 이루어지고 있는지 확인하기 위하여 필요한 경우 해당 항만시설의 소유자(국가 또는 시 · 도가 소유자인 경우는 제외한다)에 대하여 그 점검결과에 관한 보고 또는 자료제출을 요구하는 등 필요한 조치를 할 수 있다. 〈개정 2020. 2. 18.〉

제39조(항만건설작업선에 대한 「선박안전법」의 적용특례) ① 항만건설작업선(대통령령으로 정하는 항만건설장비를 고정적으로 탑재하여 항만구역 내에서 항만개발사업을 수행하는 선박을 말한다. 이하 같다)에 대하여 「선박안전법」 제7조부터 제11조까지의 규정을 적용할 때에는 그 검사의 절차, 방법 및 시기 등을 같은 법의 해당 규정에도 불구하고 해양수산부령으로 따로 정한다.

② 항만건설장비 등 항만건설작업선의 선박시설에 대해서는 「선박안전법」 제26조에도 불구하고 해양수산부장관이 따로 기준을 정하여 고시할 수 있다.

③ 「선박안전법」 제60조제1항 및 제2항에 따라 검사등업무를 대행하는 한국해양교통안전공단 또는 선급법인은 제1항에 따른 검사 중 항만건설장비의 검사업무를 해당 업무에 전문성이 있다고 대통령령으로 정하는 기관에 위탁할 수 있다.

제40조(항만건설장비의 조종 자격요건) 제39조제1항에 따른 항만건설장비를 조종하려는 사람은 다음 각 호의 어느 하나에 해당하는 요건을 갖추어야 한다.

1. 「건설기계관리법」에 따른 건설기계조종사면허의 취득
2. 해양수산부장관이 지정한 교육기관에서 실시하는 항만건설장비의 조종에 관한 교육과정의 이수

제41조(항만시설의 사용) ① 항만시설(항로표지는 제외한다. 이하 이 조에서 같다)을 사용하려는 자는 대통령령으로 정하는 바에 따라 다음 각 호의 어느 하나에 해당하는 방법에 따라야 한다. 이 경우 제3호부터 제5호까지의 어느 하나에 해당하는 방법으로 해양수산부령

으로 정하는 항만시설을 사용하려는 자는 관리청에 그 사실을 신고하여야 한다. 〈개정 2020. 2. 18., 2022. 1. 4.〉

1. 관리청[제104조에 따라 해양수산부장관으로부터 항만시설의 운영을 위임 또는 위탁받은 자(이하 "항만시설운영자"라 한다)를 포함한다. 이하 제3항에서 같다]의 사용허가를 받을 것

2. 관리청과 임대계약을 체결할 것

3. 항만시설운영자와 임대계약을 체결할 것

4. 제1호에 따라 사용허가를 받은 자와 임대계약을 체결할 것

5. 제2호부터 제4호까지의 규정에 따라 임대계약을 체결한 자(이하 "임대계약자"라 한다)의 승낙을 받을 것

② 비관리청은 제10조제2항 또는 제5항에 따라 항만개발사업실시계획의 승인을 받거나 신고를 한 경우 그 항만개발사업실시계획의 범위에서 제1항에 따라 항만시설의 사용허가 또는 승낙을 받고 항만시설의 사용신고를 한 것으로 본다.

③ 관리청은 제1항제1호에 따른 항만시설의 사용허가 신청을 받은 경우에는 항만의 개발 및 관리·운영에 지장이 없으면 사용을 허가하여야 한다. 〈개정 2020. 2. 18.〉

④ 제1항부터 제3항까지에서 규정한 사항 외에 항만시설의 사용방법 등에 관하여는 관리청, 해당 항만시설운영자 또는 임대계약자가 정하는 바에 따른다. 〈개정 2020. 2. 18.〉

제42조(항만시설의 사용료 등) ① 관리청, 항만시설운영자 또는 임대계약자는 제41조제1항 및 제2항에 따라 항만시설을 사용하는 자로부터 사용료를 징수할 수 있다. 다만, 대통령령으로 정하는 자에 대해서는 그 사용료의 전부나 일부를 면제할 수 있다. 〈개정 2020. 2. 18.〉

② 관리청은 「해운법」 제23조에 따른 해상화물운송사업을 하는 자 등 대통령령으로 정하는 자가 여러 사람의 화물을 동시에 운송하는 경우로서 항만시설 사용자를 대리하여 제41조제1항 후단에 따라 관리청에 신고를 하고 항만시설 사용자의 사용료를 한꺼번에 대

신하여 낸 경우에는 해양수산부령으로 정하는 바에 따라 해당 사업자에게 사용료 대납업무에 드는 경비를 지급할 수 있다. 〈개정 2020. 2. 18.〉

③ 제1항에 따른 사용료의 종류와 요율(料率) 산정 시 고려사항 등은 대통령령으로 정한다.

④ 항만시설운영자나 임대계약자는 제1항에 따른 사용료의 요율과 징수방법 등에 관한 사항을 미리 관리청에 신고하여야 한다. 〈개정 2020. 2. 18.〉

⑤ 관리청은 제4항에 따른 신고를 받은 경우 그 내용을 검토하여 이 법에 적합하면 신고를 수리하여야 한다. 〈개정 2022. 1. 4.〉

⑥ 제1항부터 제5항까지에서 규정한 사항 외에 항만시설의 사용료에 관하여는 관리청, 해당 항만시설운영자 또는 임대계약자가 정하는 바에 따른다. 〈개정 2022. 1. 4.〉

제43조(비관리청 등의 사용료 징수) ① 제15조제5항 또는 제19조제4항에 따라 항만시설을 타인에게 사용하게 한 자는 그 사용자로부터 사용료를 징수할 수 있다. 이 경우 사용방법, 사용료의 요율, 사용료의 징수방법 등에 관한 사항을 미리 관리청에 신고하여야 한다. 〈개정 2020. 2. 18.〉

② 관리청은 제1항 후단에 따른 신고를 받은 경우 그 내용을 검토하여 이 법에 적합하면 신고를 수리하여야 한다. 〈개정 2022. 1. 4.〉

③ 관리청은 제1항에 따른 사용방법과 사용료의 요율 등이 사용자의 편익을 해칠 우려가 있다고 인정되면 사용방법의 변경, 사용료 요율의 변경, 그 밖에 항만시설의 관리·운영에 필요한 사항을 명할 수 있다. 〈개정 2020. 2. 18.〉

④ 제1항에 따른 사용료의 징수기간은 대통령령으로 정한다.

제5장 항만배후단지

제1절 항만배후단지의 지정 등

제44조(항만배후단지개발 종합계획의 수립) ① 해양수산부장관은 항

만배후단지의 개발이 필요하다고 인정되는 항만을 대상으로 항만배후단지개발 종합계획(이하 "종합계획"이라 한다)을 5년마다 수립하여야 한다.

② 종합계획에는 다음 각 호의 사항이 포함되어야 한다.

1. 항만배후단지의 개발을 위한 용지 및 항만시설의 수요에 관한 사항

2. 공유수면 매립지, 항만 유휴부지(遊休敷地) 등 항만배후단지의 개발을 위한 용지의 계획적 조성·공급에 관한 사항

3. 항만배후단지의 지정과 개발에 관한 사항

4. 항만배후단지의 개발방향에 관한 사항

5. 항만배후단지에 설치한 항만시설의 정비와 조정에 관한 사항

6. 그 밖에 대통령령으로 정하는 사항

③ 해양수산부장관은 종합계획을 수립하려는 경우에는 종합계획안을 작성하여 시·도지사의 의견을 듣고 관계 중앙행정기관의 장과 협의한 후 중앙심의회의 심의를 거쳐야 한다.

④ 해양수산부장관은 항만배후단지의 효율적 개발을 위하여 종합계획을 변경할 필요가 있을 경우에는 종합계획을 변경할 수 있다. 이 경우 변경 절차에 관하여는 제3항을 준용하되, 대통령령으로 정하는 경미한 사항을 변경하는 경우에는 그러하지 아니하다.

⑤ 해양수산부장관은 대통령령으로 정하는 바에 따라 관계 기관에 종합계획의 수립이나 변경에 필요한 자료의 제출을 요구하거나 협조를 요청할 수 있으며, 그 요구나 요청을 받은 관계 기관은 정당한 사유가 없으면 그 요구나 요청에 따라야 한다.

⑥ 해양수산부장관은 종합계획을 수립하거나 변경한 경우에는 대통령령으로 정하는 바에 따라 고시하여야 한다.

⑦ 제1항부터 제6항까지에서 규정한 사항 외에 종합계획의 수립 및 변경 등에 필요한 사항은 대통령령으로 정한다.

제45조(항만배후단지의 지정) 해양수산부장관은 다음 각 호로 구분하여 항만배후단지를 지정한다.

1. 1종 항만배후단지: 무역항의 항만구역 또는 제6조제1항제8호에 따른 항만시설 설치 예정지역에 지원시설과 항만친수시설을 집단적으로 설치·육성함으로써 항만의 부가가치와 항만 관련 산업의 활성화를 도모하기 위한 항만배후단지

2. 2종 항만배후단지: 항만구역 또는 제6조제1항제8호에 따른 항만시설 설치 예정지역[제1호에 따른 1종 항만배후단지(이하 "1종 항만배후단지"라 한다)로 지정한 지역은 제외한다]에 일반업무시설·판매시설·주거시설 등 대통령령으로 정하는 시설을 설치함으로써 항만 및 1종 항만배후단지의 기능을 제고하고 항만을 이용하는 사람의 편익을 꾀하기 위한 항만배후단지

제46조(항만배후단지개발계획) ① 해양수산부장관은 제45조에 따라 항만배후단지를 지정하려는 경우에는 항만배후단지개발계획을 수립하여 관할 시·도지사의 의견을 듣고 관계 중앙행정기관의 장과 협의한 후 중앙심의회의 심의를 거쳐야 한다. 항만배후단지의 지정 내용 중 대통령령으로 정하는 중요 사항을 변경하려는 경우에도 또한 같다.

② 제1항에 따른 항만배후단지개발계획(이하 "항만배후단지개발계획"이라 한다)에는 다음 각 호의 사항이 포함되어야 한다. 다만, 항만배후단지개발계획을 수립하는 데 불가피하다고 인정되면 제7호의 사항은 항만배후단지를 지정한 후에 항만배후단지개발계획에 포함시킬 수 있다.

1. 항만배후단지의 명칭·위치 및 면적
2. 항만배후단지의 지정목적
3. 항만배후단지개발사업의 시행 주체·기간 및 방법
4. 부지 이용계획과 주요 기반시설 설치계획
5. 주요 유치시설과 그 설치기준에 관한 사항
6. 재원조달계획
7. 수용하거나 사용할 토지, 물건 또는 권리가 있는 경우에는 그 세부목록

8. 제54조에 따라 원형지로 공급될 대상 토지 및 개발방향(원형지로 공급될 대상 토지가 있는 경우만 해당한다)

9. 그 밖에 대통령령으로 정하는 사항

③ 해양수산부장관은 비관리청이 시행하는 항만개발사업으로 조성된 토지로서 제15조제1항 단서에 따라 국가에 귀속되지 아니한 토지의 전부 또는 일부를 항만배후단지에 포함하여 지정하려는 경우에는 해당 토지를 소유한 자(이하 "토지소유자"라 한다)의 토지이용계획 및 시설사업계획을 제출받아 그 계획을 기초로 항만배후단지개발계획을 수립하여야 한다.

④ 토지소유자는 항만배후단지를 원활하게 개발하고 이용하기 위하여 필요한 경우에는 해양수산부장관에게 제3항에 따라 수립된 항만배후단지개발계획을 변경할 것을 요청할 수 있다.

제47조(항만배후단지개발계획의 제안 및 공모) ① 제50조제1항 각 호의 어느 하나에 해당하는 자는 종합계획에 적합한 범위에서 또는 종합계획이 수립되지 아니한 지역에 대하여 해양수산부장관에게 항만배후단지개발계획의 수립 또는 변경 수립을 제안할 수 있다.

② 해양수산부장관은 제1항에 따라 항만배후단지개발계획의 수립 또는 변경 수립의 제안을 받은 경우 그 처리 결과를 제안자에게 알려야 한다.

③ 해양수산부장관은 창의적이고 효율적인 항만배후단지개발사업을 추진하기 위하여 항만배후단지개발계획안을 공모하여 선정된 안을 항만배후단지개발계획의 수립에 반영할 수 있다.

④ 제1항 및 제3항에 따른 항만배후단지개발계획의 제안 절차 및 공모 절차 등에 관한 사항은 대통령령으로 정한다.

제48조(항만배후단지 지정의 고시 등) ① 해양수산부장관은 항만배후단지를 지정하거나 지정한 내용을 변경한 경우에는 대통령령으로 정하는 사항을 관보나 시·도의 공보에 고시하고, 관계 서류의 사본을 관할 시장·군수 또는 구청장(구청장은 자치구의 구청장을 말한다. 이하 같다)에게 보내야 한다. 이 경우 항만배후단지개발사업을

시행하기 위하여 수용하거나 사용할 토지, 물건 또는 권리가 있는 경우에는 그 세부목록을 포함하여 고시하여야 하며, 해당 토지, 물건 또는 권리의 소유자 및 권리자에게 알려야 한다. 〈개정 2020. 2. 18.〉

② 제1항 후단에도 불구하고 해양수산부장관은 제46조제2항 단서에 해당하는 경우에는 항만배후단지 지정의 고시 후에 수용하거나 사용할 토지, 물건 또는 권리의 세부목록을 별도로 고시할 수 있다.

제49조(항만배후단지의 지정해제) ① 항만배후단지로 지정·고시된 날부터 5년의 범위에서 대통령령으로 정하는 기간 이내에 항만배후단지의 전부 또는 일부에 대하여 제10조제2항에 따른 항만개발사업실시계획의 승인 또는 제51조제1항에 따른 항만배후단지개발사업실시계획의 승인을 받지 아니한 경우(해양수산부장관이 제9조제1항에 따라 항만배후단지개발사업을 시행하는 경우에는 항만개발사업실시계획을 수립하지 아니한 경우를 말한다)에는 그 기간이 끝난 날의 다음 날에 그 지역에 대한 항만배후단지의 지정이 해제된 것으로 본다. 다만, 천재지변 등 대통령령으로 정하는 불가피한 사유로 항만개발사업실시계획 또는 항만배후단지개발사업실시계획의 수립이 지연된 경우에는 1년의 범위에서 그 기간을 연장할 수 있다.

② 해양수산부장관은 항만배후단지가 다음 각 호의 어느 하나에 해당하는 경우에는 중앙심의회의 심의를 거쳐 대통령령으로 정하는 바에 따라 항만배후단지로 지정된 지역의 전부 또는 일부에 대하여 항만배후단지의 지정을 해제할 수 있다.

1. 항만배후단지로 지정된 지역의 전부 또는 일부에 대하여 항만배후단지개발계획에 따른 개발 가능성이 없게 된 경우

2. 항만배후단지개발계획에 따라 제45조제2호에 따른 2종 항만배후단지(이하 "2종 항만배후단지"라 한다)로 지정되어 개발이 완료된 지역을 「국토의 계획 및 이용에 관한 법률」 제6조제1호에 따른 도시지역으로 관리하여도 항만 운영에 문제가 없다고 인정되는 경우

3. 항만배후단지개발계획에 따라 개발이 완료된 항만배후단지가

주변 항만물류 여건의 변화, 입주기업체의 부족 등으로 항만배후단지의 기능을 수행하기 어렵거나 항만배후단지의 지정 목적을 달성할 수 없다고 인정되는 경우

③ 해양수산부장관은 제1항 또는 제2항에 따라 항만배후단지의 지정이 해제된 경우에는 관할 시장·군수 또는 구청장 등 관계 행정기관의 장에게 알리고, 이를 관보나 특별시·광역시·도 또는 특별자치도의 공보에 고시하여야 한다.

제2절 항만배후단지의 개발

제50조(항만배후단지개발사업의 시행자) ① 해양수산부장관은 다음 각 호의 자 중에서 항만배후단지개발사업의 시행자(이하 "사업시행자"라 한다)를 지정할 수 있다.

1. 국가기관 또는 지방자치단체
2. 「항만공사법」에 따른 항만공사
3. 대통령령으로 정하는 공공기관
4. 「지방공기업법」에 따른 지방공기업
5. 자본금 등 대통령령으로 정하는 자격요건에 해당하는 민간투자자
6. 제1호부터 제5호까지의 어느 하나에 해당하는 자가 항만배후단지개발사업을 시행할 목적으로 출자에 참여하여 설립한 법인으로서 대통령령으로 정하는 기준에 적합한 법인

② 해양수산부장관은 무역항에서 1종 항만배후단지와 2종 항만배후단지가 인접하여 지정된 경우에는 1종 항만배후단지개발사업의 사업시행자를 2종 항만배후단지개발사업의 사업시행자로 우선하여 지정할 수 있다.

③ 해양수산부장관은 사업시행자가 다음 각 호의 어느 하나에 해당되는 경우에는 사업시행자를 변경하거나 그 지정을 취소할 수 있다.

1. 제1항에 따라 사업시행자로 지정된 날부터 2년 이내에 제51조 제1항에 따른 항만배후단지개발사업실시계획의 승인을 신청하지 아니한 경우

2. 제51조제1항에 따른 항만배후단지개발사업실시계획의 승인을 받은 후 1년 이내에 항만배후단지개발사업을 착수하지 아니한 경우

3. 제51조제1항에 따른 항만배후단지개발사업실시계획의 승인이 취소된 경우

4. 천재지변, 사업시행자의 파산이나 그 밖에 대통령령으로 정하는 사유로 항만배후단지개발사업의 목적을 달성하기 어렵다고 인정되는 경우(중앙심의회의 심의를 거친 경우로 한정한다)

④ 해양수산부장관은 제1항 및 제3항에 따라 사업시행자를 지정·지정취소하거나 변경한 경우에는 대통령령으로 정하는 바에 따라 이를 고시하여야 한다.

제51조(항만배후단지개발사업실시계획의 승인 등) ① 사업시행자는 항만배후단지개발사업을 시행하려면 대통령령으로 정하는 바에 따라 항만배후단지개발사업실시계획을 작성하여 해양수산부장관의 승인을 받아야 한다.

② 제1항에 따른 항만배후단지개발사업실시계획(이하 "항만배후단지개발사업실시계획"이라 한다)에는 항만배후단지개발계획의 내용이 반영되어야 하며, 다음 각 호의 사항이 포함되어야 한다.

1. 항만배후단지의 명칭·위치 및 면적

2. 사업시행자의 성명 또는 명칭(소재지와 대표자의 성명을 포함한다)

3. 항만배후단지개발사업의 시행기간

4. 토지이용·교통처리 및 환경관리에 관한 계획

5. 재원조달계획 및 연차별 투자계획

6. 기반시설의 설치계획(비용부담계획을 포함한다)

7. 조성토지의 처분계획서

8. 그 밖에 대통령령으로 정하는 사항

③ 사업시행자는 제1항에 따라 승인받은 항만배후단지개발사업실시계획을 변경하려는 경우에는 해양수산부장관의 변경승인을 받아야 한다. 다만, 대통령령으로 정하는 경미한 사항을 변경하는 경우에는

그러하지 아니하다.

④ 해양수산부장관은 항만배후단지개발사업실시계획을 승인하거나 변경승인하려는 경우에는 대통령령으로 정하는 바에 따라 시·도지사 및 시장·군수·구청장의 의견을 들어야 한다.

⑤ 해양수산부장관은 항만배후단지개발사업실시계획을 승인 또는 변경승인한 경우에는 대통령령으로 정하는 바에 따라 이를 고시하고, 관할 시·도지사 및 시장·군수·구청장에게 관계 서류의 사본을 보내야 한다. 이 경우 관계 서류의 사본을 받은 특별자치도지사 또는 시장·군수·구청장은 이를 14일 이상 일반인이 열람할 수 있게 하여야 한다.

⑥ 제5항에 따라 관계 서류의 사본을 받은 관할 시·도지사 또는 시장·군수·구청장은 관계 서류에 「국토의 계획 및 이용에 관한 법률」 제2조제4호에 따른 도시·군관리계획의 결정에 관한 사항이 포함되어 있는 경우 같은 법 제32조제2항에 따른 지형도면 승인 신청 등 필요한 조치를 하여야 한다.

⑦ 제1항부터 제6항까지에서 규정한 사항 외에 항만배후단지개발사업의 시행에 필요한 사항은 해양수산부장관이 정하여 고시한다.

제52조(공공시설의 설치 등) 해양수산부장관은 사업시행자로 하여금 항만배후단지에 필요한 도로, 공원, 녹지, 그 밖에 대통령령으로 정하는 공공시설을 설치하게 하거나 기존의 공원 및 녹지를 보존하게 할 수 있다.

제53조(선수금) 사업시행자는 항만배후단지개발사업으로 조성하는 토지·건축물 또는 공작물 등을 공급받거나 이용하려는 자로부터 대통령령으로 정하는 바에 따라 그 대금의 전부 또는 일부를 미리 받을 수 있다.

제54조(원형지의 공급과 개발) ① 사업시행자는 항만배후단지의 일부(해당 항만배후단지 전체 면적의 3분의 1 이내로 한정한다)를 자연친화적으로 개발하거나 입체적으로 개발하기 위하여 필요한 경우에는 조성되지 아니한 상태의 토지(이하 "원형지"라 한다)의 공급계

획을 작성하여 해양수산부장관의 승인을 받아 다음 각 호의 어느 하나에 해당하는 자에게 원형지를 공급하여 개발하게 할 수 있다.

1. 국가기관
2. 지방자치단체
3. 「항만공사법」에 따른 항만공사
4. 대통령령으로 정하는 공공기관

② 제1항에 따른 원형지 공급계획에는 원형지를 공급받아 개발하는 자(이하 "원형지개발자"라 한다)에 관한 사항과 원형지의 공급 내용 등이 포함되어야 한다.

③ 사업시행자는 제1항에 따라 승인받은 원형지 공급계획을 변경하려면 해양수산부장관의 승인을 받아야 한다.

④ 해양수산부장관은 제1항 또는 제3항에 따라 승인을 할 때에는 원형지 개발과 관련하여 용적률 등 개발밀도, 토지용도별 면적 및 배치, 교통처리계획 및 기반시설의 설치 등에 관한 이행조건을 붙일 수 있다. 이 경우 사업시행자는 해당 이행조건을 제5항에 따른 원형지 공급계약의 내용에 반영하여야 한다.

⑤ 사업시행자는 다음 각 호의 내용에 따라 원형지개발자와 원형지 공급계약을 체결한 후 원형지개발자로부터 원형지 개발을 위한 공사의 착수 기한, 공사의 준공예정일, 사업기간 등의 사항이 포함된 세부계획을 제출받아 항만배후단지개발사업실시계획의 내용에 반영하여야 한다.

1. 제46조제2항제8호에 따른 원형지 개발방향
2. 제1항에 따른 원형지 공급계획

⑥ 원형지개발자(국가기관 및 지방자치단체는 제외한다)는 10년의 범위에서 대통령령으로 정하는 기간 동안에는 원형지를 제3자에게 매각할 수 없다. 다만, 이주용 주택이나 공공시설 등 대통령령으로 정하는 용도로 사용하려는 경우로서 미리 해양수산부장관의 승인을 받은 경우에는 그러하지 아니하다.

⑦ 해양수산부장관은 다음 각 호의 어느 하나에 해당하는 경우에

는 원형지 공급계획의 승인을 취소하거나 사업시행자로 하여금 그 이행의 촉구, 원상회복 또는 손해배상의 청구, 원형지 공급계약의 해제 등 필요한 조치를 할 것을 요구할 수 있다.

1. 사업시행자가 제1항에 따른 원형지 공급계획에 따라 원형지를 공급하지 아니한 경우

2. 사업시행자 또는 원형지개발자가 제4항에 따른 이행조건을 이행하지 아니한 경우

3. 원형지개발자가 제8항 각 호의 어느 하나에 해당하는 경우

⑧ 사업시행자는 원형지개발자가 다음 각 호의 어느 하나에 해당하는 경우 대통령령으로 정하는 바에 따라 원형지 공급계약을 해제할 수 있다.

1. 제5항에 따른 세부계획에서 정한 착수 기한까지 공사에 착수하지 아니한 경우

2. 개발을 위한 공사에 착수한 후 제5항에 따른 세부계획에서 정한 사업기간 이내에 원형지 개발을 위한 사업을 완료하지 아니한 경우

3. 제6항을 위반하여 공급받은 원형지의 전부나 일부를 제3자에게 매각한 경우

4. 그 밖에 원형지를 공급계약에서 정하는 목적대로 사용하지 아니하는 등 제5항에 따른 원형지 공급계약의 내용을 위반하는 경우

⑨ 제1항부터 제8항까지에서 규정한 사항 외에 원형지개발자의 선정기준, 원형지 공급의 절차와 기준, 원형지 공급가격, 사업시행자와 원형지개발자의 업무 범위 및 원형지 공급계약의 방법 등에 관한 사항은 대통령령으로 정한다.

제55조(국공유지의 처분제한 등) ① 항만배후단지에 있는 국가 또는 지방자치단체 소유의 토지로서 항만배후단지개발사업에 필요한 토지는 해당 항만배후단지개발사업실시계획에서 정한 목적 외의 용도로 처분할 수 없다.

② 항만배후단지에 있는 국가 또는 지방자치단체 소유의 재산으로

서 항만배후단지개발사업에 필요한 재산은 「국유재산법」 제9조에 따른 국유재산의 관리·처분에 관한 계획, 「공유재산 및 물품 관리법」 제10조에 따른 공유재산 관리계획, 「국유재산법」 제43조 및 「공유재산 및 물품 관리법」 제29조에 따른 계약의 방법에도 불구하고 사업시행자에게 수의계약으로 처분할 수 있다. 이 경우 그 국유재산의 용도폐지(행정재산인 경우만 해당한다) 또는 처분에 관하여는 해양수산부장관이 미리 관계 중앙행정기관의 장과 협의하여야 한다.

③ 관계 중앙행정기관의 장은 제2항 후단에 따른 협의 요청을 받으면 그 요청을 받은 날부터 30일 이내에 협의에 필요한 조치를 하여야 한다.

제56조(국유재산 또는 공유재산 매각의 예약) ① 국가 또는 지방자치단체는 사업시행자에게 항만배후단지개발사업의 완료를 조건으로 제55조제2항에 따라 수의계약으로 처분할 수 있는 재산의 매각을 예약할 수 있다.

② 제1항에 따라 매각이 예약된 재산의 사용·수익, 예약의 해지 또는 해제 등에 관하여는 「국유재산법」 제45조제2항부터 제5항까지의 규정을 준용한다.

제57조(국유재산의 사용허가 등에 관한 특례) ① 국가는 항만배후단지개발사업의 원활한 시행을 위하여 특히 필요하다고 인정하는 경우에는 사업시행자에게 항만배후단지에 있는 국유재산에 대하여 「국유재산법」 제35조 및 제46조에도 불구하고 30년의 범위에서 사용허가 또는 대부를 할 수 있다. 〈개정 2023. 10. 24.〉

② 제1항에 따른 사용허가 또는 대부 기간이 끝난 국유재산에 대해서는 최초의 사용허가 또는 대부 기간을 초과하지 아니하는 범위에서 1회에 한정하여 종전의 사용허가 또는 대부계약을 갱신할 수 있다.

③ 제1항에 따라 국유재산의 사용허가 또는 대부를 받은 자는 「국유재산법」 제18조에도 불구하고 해당 국유재산에 필요한 영구시설물을 설치할 수 있다. 이 경우 국가는 해당 시설물의 종류 등을

고려하여 사용허가 또는 대부 기간이 끝나는 때에 이를 국가에 기부하거나 원상회복하여 반환하는 조건을 붙여야 한다.

제58조(준공확인) ① 사업시행자는 항만배후단지개발사업을 끝냈을 때에는 지체 없이 대통령령으로 정하는 바에 따라 해양수산부장관에게 준공확인을 신청하여야 한다. 이 경우 항만배후단지개발사업을 효율적으로 시행하기 위하여 필요하면 항만배후단지개발사업실시계획의 범위에서 단계별 또는 시설별로 구분하여 준공확인을 신청할 수 있다.

② 해양수산부장관은 제1항에 따라 준공확인 신청을 받으면 대통령령으로 정하는 바에 따라 준공검사를 한 후 항만배후단지개발사업이 승인된 항만배후단지개발사업실시계획의 내용대로 시행되었다고 인정되는 경우에는 해양수산부령으로 정하는 준공확인증명서를 신청인에게 내주어야 한다.

③ 해양수산부장관은 제2항에 따라 준공검사를 한 결과 항만배후단지개발사업이 승인된 항만배후단지개발사업실시계획의 내용대로 끝나지 아니한 경우에는 지체 없이 보완시공 등 필요한 조치를 명하여야 한다.

④ 사업시행자가 제2항에 따라 준공확인증명서를 받은 경우에는 제98조제1항 각 호의 허가 등에 따른 해당 사업의 준공검사 또는 준공인가 등을 받은 것으로 본다.

⑤ 누구든지 제2항에 따른 준공확인증명서를 받기 전에 항만배후단지개발사업으로 조성되거나 설치된 토지 또는 시설을 사용해서는 아니 된다. 다만, 대통령령으로 정하는 바에 따라 해양수산부장관에게 준공 전 사용신고를 한 경우에는 그러하지 아니하다.

⑥ 해양수산부장관은 제5항 단서에 따른 신고를 받은 경우 그 내용을 검토하여 이 법에 적합하면 신고를 수리하여야 한다.

제59조(공사완료의 공고) 해양수산부장관은 제58조제2항에 따라 준공확인증명서를 내준 경우에는 공사완료의 공고를 하여야 한다.

제60조(항만배후단지의 귀속 등) ① 항만배후단지개발사업으로 개발

된 항만배후단지의 토지 및 항만시설의 귀속 및 무상사용 등에 관하여는 제15조제1항·제3항부터 제5항까지 및 제43조를 준용한다. 이 경우 "제9조제2항 본문에 따른 비관리청의 항만개발사업"은 "항만배후단지개발사업"으로, "비관리청"은 "사업시행자"로, "제12조제5항 단서"는 "제58조제5항 단서"로, "제15조제5항 또는 제19조제4항"은 "제60조제1항에 따라 준용되는 제15조제5항"으로 본다.

② 사업시행자가 항만배후단지개발사업의 시행으로 새로 공공시설(대통령령으로 정하는 시설은 제외한다. 이하 이 조에서 같다)을 설치하거나 기존의 공공시설에 대체되는 시설을 설치한 경우 공공시설이나 공공시설에 대체되는 시설(이하 "공공시설등"이라 한다)의 귀속은 「국토의 계획 및 이용에 관한 법률」 제65조를 준용한다.

③ 제2항에 따른 공공시설등을 등기할 때에는 제51조제1항에 따른 항만배후단지개발사업실시계획 승인서와 제58조제2항에 따른 준공확인증명서로 「부동산등기법」에 따른 등기원인을 증명하는 서면을 갈음할 수 있다.

제61조(토지의 매도청구) ① 사업시행자는 제58조제2항에 따른 준공확인증명서를 발급받은 날부터 1년 이내에 제60조제1항에 따라 준용되는 제15조제1항 본문에 따라 국가가 취득한 토지 중 대통령령으로 정하는 토지의 매도를 청구할 수 있다. 이 경우 국가는 공용 또는 공공용으로 사용할 경우를 제외하고는 그 청구를 거절하지 못한다.

② 제1항에 따른 토지의 매각 가격 및 그 산정 절차에 관하여는 제16조제2항을 준용한다.

제62조(조성토지의 처분) ① 사업시행자는 항만배후단지개발사업으로 조성하여 취득한 토지를 항만배후단지개발사업실시계획에 따라 직접 사용하거나 분양 또는 임대하여야 한다.

② 제1항에 따른 토지의 처분방법·처분절차·가격기준 등에 관하여 필요한 사항은 대통령령으로 정한다.

제63조(개발이익의 재투자) ① 사업시행자는 항만배후단지개발사업

으로 발생하는 개발이익을 100분의 25의 범위에서 대통령령으로 정하는 바에 따라 다음 각 호의 어느 하나에 해당하는 용도로 사용하여야 한다.

1. 해당 항만배후단지의 항만시설용지 등의 분양가격이나 임대료의 인하

2. 해당 항만배후단지의 기반시설이나 공공시설의 설치비용에의 충당

② 사업시행자는 제1항에 따른 개발이익의 재투자가 차질 없이 이루어질 수 있도록 그 발생된 개발이익을 구분하여 회계처리하는 등 필요한 조치를 하여야 한다.

③ 제1항에 따른 개발이익의 산정에 관하여는 「개발이익 환수에 관한 법률」 제8조부터 제12조까지의 규정을 준용한다. 이 경우 "개발부담금의 부과 기준"은 "개발이익의 산정 기준"으로, "부과 종료 시점"은 "개발이익 산정 종료 시점"으로, "부과 대상 토지"는 "개발이익 산정 대상 토지"로, "부과 개시 시점"은 "개발이익 산정 개시 시점"으로, "부과 기간"은 "개발이익 산정 기간"으로, "국가나 지방자치단체로부터 개발사업의 인가등", "국가나 지방자치단체의 인가등", "개발사업의 인가등", "개발사업 인가등" 또는 "인가등"은 "개발사업실시계획 승인"으로, "개발사업의 준공인가 등"은 "준공확인"으로, "납부 의무자"는 "사업시행자"로, "개발사업"은 "항만배후단지 개발사업"으로, "국토교통부장관"은 "해양수산부장관"으로 본다.

제64조(입주자협의회의 구성 등) ① 해양수산부장관이 제59조에 따라 공사완료의 공고를 한 경우 입주기업체 등 해당 항만배후단지의 입주자 및 입주예정자는 항만배후단지의 효율적인 관리를 위하여 입주자협의회를 구성할 수 있다.

② 제1항에 따른 입주자협의회의 구성과 운영 등에 필요한 사항은 대통령령으로 정한다.

제3절 1종 항만배후단지의 관리·운영

제65조(1종 항만배후단지관리지침) ① 해양수산부장관은 1종 항만배후단지의 관리에 관한 기본적 사항을 정한 1종 항만배후단지관리지침(이하 “관리지침”이라 한다)을 작성하여 고시하여야 한다. 관리지침 중 대통령령으로 정하는 경미한 사항 외의 사항을 변경하는 경우에도 또한 같다.

② 관리지침의 내용 및 작성 등에 필요한 사항은 대통령령으로 정한다.

제66조(관리기관의 지정 등) ① 해양수산부장관은 1종 항만배후단지를 관리하기 위하여 1종 항만배후단지관리기관(이하 “관리기관”이라 한다)을 지정하여야 한다.

② 해양수산부장관이 관리기관으로 지정할 수 있는 기관은 다음 각 호와 같으며, 업무 범위를 나누어 둘 이상의 기관을 공동으로 지정할 수 있다.

1. 국가기관 또는 지방자치단체
2. 「항만공사법」에 따른 항만공사
3. 1종 항만배후단지 운영에 필요한 전문인력과 시설 등 해양수산부장관이 정하여 고시하는 기준을 갖춘 기관 또는 단체

③ 같은 1종 항만배후단지에 토지소유자가 2인 이상인 경우에는 해당 토지소유자들이 협의를 거쳐 제2항제3호에 따른 기관을 관리기관으로 지정할 것을 해양수산부장관에게 요청할 수 있다. 이 경우 해양수산부장관은 해당 기관을 관리기관으로 지정하여야 한다.

④ 제1항에도 불구하고 제1항에 따라 관리기관이 지정되기 전에 1종 항만배후단지가 「자유무역지역의 지정 및 운영에 관한 법률」 제4조에 따라 자유무역지역으로 지정된 경우에는 같은 법 제8조에 따른 관리권자(같은 법 제55조제3항에 따라 관리권자의 권한이 위임 또는 위탁된 경우에는 해당 위임 또는 위탁을 받은 자를 말한다)가 관리기관으로 지정된 것으로 본다.

⑤ 해양수산부장관은 1종 항만배후단지의 효율적 관리를 위하여 필요한 경우에는 관리기관을 변경하여 지정할 수 있다. 이 경우 그

변경 지정에 관하여는 제2항 및 제3항을 준용한다.

⑥ 제1항부터 제5항까지에서 규정한 사항 외에 관리기관의 지정 및 변경 지정의 절차, 지정 시기 등에 관한 사항은 대통령령으로 정한다.

제67조(관리기관의 업무) 관리기관은 1종 항만배후단지의 관리에 관한 다음 각 호의 업무를 수행한다.

1. 입주기업체의 관리 및 사업활동 지원
2. 공동시설의 유지 및 관리
3. 각종 지원시설의 설치 및 운영
4. 그 밖에 1종 항만배후단지의 관리 또는 운영에 관한 업무

제68조(1종 항만배후단지관리계획의 수립) ① 관리기관은 1종 항만배후단지관리계획을 수립하여 해양수산부장관에게 제출하여야 한다.

② 제1항에 따른 1종 항만배후단지관리계획에는 다음 각 호의 사항이 포함되어야 한다.

1. 관리할 1종 항만배후단지의 면적 및 범위에 관한 사항
2. 입주대상 업종 및 입주기업체의 자격에 관한 사항
3. 1종 항만배후단지 지원시설의 설치·운영에 관한 사항
4. 그 밖에 1종 항만배후단지의 관리에 필요한 사항

③ 제1항에 따른 1종 항만배후단지관리계획의 작성에 필요한 사항은 대통령령으로 정한다.

제69조(입주자격) ① 1종 항만배후단지에는 다음 각 호의 어느 하나에 해당하는 자가 입주할 수 있다. 다만, 제조업 또는 지식서비스산업(「산업발전법」 제8조제2항에 따른 지식서비스산업을 말한다. 이하 같다)에 해당하는 사업을 영위하려는 자가 제2호·제3호 및 제4호의 어느 하나에 해당하는 자격을 갖추지 못한 경우에도 해양수산부장관이 항만물류의 원활화 및 물동량 창출 등을 위하여 필요하다고 인정하는 경우에는 제71조제1항에 따른 입주계약 후 대통령령으로 정하는 기간 이내에 제2호·제3호 및 제4호의 어느 하나에 해당하는 자격을 갖출 것을 조건으로 입주할 수 있다. 〈개정 2020. 12.

8., 2022. 12. 27.〉

1. 관할 항만을 이용하여 반입·반출되는 화물을 하역·운송·유통·판매·보관·전시하는 사업 또는 이를 지원하는 사업으로서 대통령령으로 정하는 사업을 영위하는 자

2. 제3조제1항제1호에 따른 무역항에 입항·출항하는 선박을 이용한 수출입을 주목적으로 하는 화물의 제조업을 영위하는 자로서 매출액 대비 수출입액 등이 대통령령으로 정하는 기준을 충족하는 자

2의2. 관할 항만에 입항·출항하는 선박을 이용한 수출입을 주목적으로 하는 국내복귀기업(「해외진출기업의 국내복귀 지원에 관한 법률」 제7조에 따라 지원대상으로 선정된 기업을 말한다. 이하 같다)으로서 대통령령으로 정하는 사업을 영위하는 자

3. 관할 항만에 입항·출항하는 선박을 이용한 물동량 창출이 가능한 제조업을 하려는 외국인투자기업으로서 외국인투자 비중 등이 대통령령으로 정하는 기준을 충족하는 자

4. 지식서비스산업 중 대통령령으로 정하는 사업을 영위하는 자로서 수출입 비중 등이 대통령령으로 정하는 기준을 충족하는 자

5. 관할 항만에 입항·출항하는 선박을 이용한 수출입거래를 주목적으로 하는 도매업을 하려는 자로서 수출입거래 비중 등이 대통령령으로 정하는 기준을 충족하는 자

6. 입주기업체의 사업을 지원하는 사업으로서 대통령령으로 정하는 사업을 영위하는 자

7. 항만친수시설의 관리·운영에 관한 사업으로서 대통령령으로 정하는 사업을 영위하는 자

8. 항만의 관리·운영과 직접 관계가 있는 국가기관 또는 공공기관

② 제1항에도 불구하고 관리기관은 제1항 각 호에 따른 입주자격을 갖춘 자가 입주하고 남은 1종 항만배후단지의 토지 및 시설이 있는 경우로서 해당 토지 및 시설의 규모 등이 대통령령으로 정하는 기준에 해당하는 경우에는 대통령령으로 정하는 바에 따라 제조업을 영위하는 자를 입주하게 할 수 있다.

제70조(우선입주) 관리기관은 제69조제1항에 따른 입주자격을 갖춘 자의 제71조제1항에 따른 입주계약의 체결 신청이 경합하는 경우에는 다음 각 호의 어느 하나에 해당하는 자와 우선적으로 입주계약을 체결할 수 있다. 〈개정 2020. 12. 8.〉

1. 항만물류 사업(컨테이너에 화물을 넣거나 컨테이너에서 화물을 꺼내는 물류활동을 포함한다)으로서 고부가가치를 창출하는 사업을 영위하는 자

2. 수출액이 대통령령으로 정하는 기준 이상인 제조업을 영위하는 자

3. 제69조제1항제2호의2에 따른 국내복귀기업으로서 국내복귀 이전 총매출 대비 국내로의 수출액을 제외한 매출액의 비중 등이 대통령령으로 정하는 기준을 충족하는 자

제71조(입주계약) ① 1종 항만배후단지에 입주하여 사업을 하려는 자는 관리기관과 그 입주에 관한 계약(이하 "입주계약"이라 한다)을 체결하여야 한다. 입주계약을 변경하려는 경우에도 또한 같다.

② 관리기관은 제1항에 따라 입주계약을 체결하는 경우 업종 및 시설내용 등을 포함하는 사업시설 조성계획을 제출하도록 하는 등 입주목적 달성에 필요한 조건을 붙일 수 있다. 이 경우 그 조건은 공공의 이익을 증진하기 위하여 필요한 최소한도에 한정하여야 하며, 부당한 의무를 부과해서는 아니 된다.

③ 제1항에 따른 입주계약 및 계약의 변경에 필요한 사항은 대통령령으로 정한다.

제72조(입주계약의 해지) ① 관리기관은 입주기업체가 거짓이나 그 밖의 부정한 방법으로 입주계약을 체결한 경우에는 입주계약을 해지하여야 한다.

② 관리기관은 입주기업체가 다음 각 호의 어느 하나에 해당하는 경우 입주계약을 해지할 수 있다. 다만, 제1호 및 제3호의 경우 관리기관이 시정을 명한 후 해양수산부령으로 정하는 기간 이내에 입주기업체가 이를 이행하는 경우에는 그러하지 아니하다.

1. 제69조에 따른 입주자격을 상실하거나 입주계약 후 같은 조

제1항 단서에 따라 입주자격을 갖추지 못한 경우

2. 입주계약을 체결한 사업 외의 사업을 한 경우

3. 제71조제2항에 따라 입주계약을 체결할 때 부여된 조건을 이행하지 아니한 경우

4. 폐업한 경우

제73조(입주계약의 해지에 따른 처리) ① 제72조에 따라 입주계약이 해지된 자는 해양수산부령으로 정하는 잔무 처리를 제외하고는 그 사업을 즉시 중지하여야 한다.

② 제72조에 따라 입주계약이 해지된 자는 1종 항만배후단지에 소유하는 토지나 공장·건축물 또는 그 밖의 시설(이하 "공장등"이라 한다)을 대통령령으로 정하는 바에 따라 다른 입주기업체나 제69조에 따른 입주자격이 있는 제3자에게 양도하여야 한다.

③ 제2항에 따라 토지나 공장등을 양도하려는 자는 양수인에게 제69조 및 제72조에 따른 입주자격 및 입주계약 해지 사유를 양도·양수 계약 전에 서면으로 고지하여야 한다.

제74조(토지 또는 공장등의 처분제한) ① 제60조에 따라 국가 또는 시·도에 귀속되지 아니한 1종 항만배후단지의 토지(사업시행자가 국가 또는 지방자치단체 소유의 토지를 취득한 경우 해당 토지를 포함한다)를 분양받은 입주기업체 또는 제2항에 따라 토지를 양수한 자는 제71조제2항 전단에 따른 사업시설 조성계획에 따라 다음 각 호의 시설의 설치를 완료하기 전에 분양받거나 양수한 토지를 처분하려는 경우에는 관리기관에 양도하여야 한다. 〈개정 2023. 10. 24.〉

1. 「물류정책기본법」 제2조제1항제4호에 따른 물류시설

2. 「산업집적활성화 및 공장설립에 관한 법률」 제2조제1호에 따른 공장

② 입주기업체는 관리기관이 제1항에 따라 토지를 양수하기 곤란하다고 인정하는 경우에는 다른 입주기업체나 제69조에 따른 입주자격이 있는 제3자에게 이를 양도하여야 한다.

③ 제1항 및 제2항에 따른 토지의 양도가격은 양도인이 취득한 가격에 대통령령으로 정하는 이자 및 비용을 합산한 금액으로 한다. 다만, 양도인이 요청한 경우 토지의 양도가격은 그가 취득한 가격에 대통령령으로 정하는 이자 및 비용을 합산한 금액 이하로 할 수 있다.

④ 입주기업체가 제1항 각 호에 따른 시설의 설치를 완료한 후 토지 또는 공장등을 양도하거나 임대[전대(轉貸)를 포함한다. 이하 같다]하는 경우 양수인 또는 임차인은 입주기업체 또는 입주자격이 있는 제3자로 한정한다.

⑤ 제2항 또는 제4항에 따라 토지 또는 공장등을 처분하려는 자는 양수인 또는 임차인에게 제69조 및 제72조에 따른 입주자격 및 입주계약 해지 사유를 양도·양수 계약 또는 임대 계약 전에 서면으로 고지하여야 한다.

제75조(경매 등에 의하여 취득한 토지 또는 공장등의 사용 등) ① 1종 항만배후단지 안의 토지 또는 공장등을 경매나 관련 법률에 따라 취득한 자는 다음 각 호에서 정하는 바에 따라 이를 처분하거나 사용하여야 한다.

1. 대통령령으로 정하는 바에 따라 입주계약을 체결할 것. 다만, 입주기업체를 인수 또는 합병한 자가 입주자격을 갖추고 종전에 입주계약을 체결한 업종의 사업을 하는 경우에는 제71조에 따라 입주계약을 체결한 것으로 본다.

2. 제1호에 따라 입주계약을 체결(입주계약을 체결한 것으로 보는 경우를 포함한다)하지 못한 경우에는 대통령령으로 정하는 바에 따라 다른 입주기업체나 제69조에 따른 입주자격이 있는 제3자에게 양도할 것

② 제1항제2호에 따라 토지 또는 공장등을 양도하려는 자는 양수인에게 제69조 및 제72조에 따른 입주자격 및 입주계약 해지 사유를 양도·양수 계약 전에 서면으로 고지하여야 한다.

제76조(자유무역지역으로 지정된 1종 항만배후단지의 관리·운영)

제69조부터 제75조까지의 규정에도 불구하고 1종 항만배후단지가 「자유무역지역의 지정 및 운영에 관한 법률」 제4조에 따라 자유무역지역으로 지정된 경우에는 해당 1종 항만배후단지의 관리·운영에 관하여는 같은 법에 따른다.

제77조(1종 항만배후단지의 관리·운영비) ① 관리기관은 1종 항만배후단지의 공동시설 중 해양수산부령으로 정하는 시설의 관리·운영에 필요한 비용을 입주기업체 등으로부터 받을 수 있다.

② 관리기관은 입주기업체와의 협약을 통하여 제1항에 따른 공동시설의 관리비·운영비 외에 제50조제1항제5호 및 제6호에 해당하는 사업시행자가 조성하여 취득한 1종 항만배후단지의 관리·운영에 필요한 비용을 입주기업체로부터 받을 수 있다. 〈신설 2022. 12. 27.〉

③ 제1항에 따른 관리·운영비의 부담 기준 및 방법 등에 관한 사항은 대통령령으로 정한다. 〈개정 2022. 12. 27.〉

[제목개정 2022. 12. 27.]

제78조(1종 항만배후단지 안의 조경의무 면제) 입주기업체에 대해서는 「건축법」 제42조에도 불구하고 1종 항만배후단지 내에서 해당 입주기업체 부지에 대한 같은 조에 따른 조경 의무를 면제한다.

제6장 항만에 관한 비용 등

제79조(비용부담 원칙) ① 이 법 또는 다른 법률에 특별한 규정이 있는 경우 외에는 관리청이 해양수산부장관인 경우에는 국가가, 관리청이 시·도지사인 경우에는 시·도가 항만의 관리 및 시설에 관한 비용을 부담한다. 〈개정 2020. 2. 18.〉

② 비관리청이 제9조제2항에 따라 시행하는 항만개발사업에 드는 비용은 비관리청이 부담한다.

③ 사업시행자가 시행하는 항만배후단지개발사업에 드는 비용은 사업시행자가 부담한다.

④ 공공단체나 사인(私人)이 그가 필요하여 항만시설의 경미한 보수 등을 하는 경우에는 그 공공단체나 사인이 그 비용을 부담한다.

제80조(비용의 보조 등) ① 국가는 대통령령으로 정하는 바에 따라 예산의 범위에서 사업시행자에게 항만배후단지개발사업의 시행에 필요한 비용의 일부를 보조하거나 융자할 수 있다.

② 국가나 지방자치단체는 항만배후단지에 필요한 도로·철도·용수시설(用水施設) 등 대통령령으로 정하는 기반시설을 설치하는 것을 우선적으로 지원하여야 한다.

③ 전기·통신·가스 및 지역난방 시설의 설치 등은 「도시개발법」 제55조를 준용한다.

④ 국가 또는 지방자치단체는 1종 항만배후단지의 입주기업체 또는 1종 항만배후단지 지원기관을 유치하기 위하여 자금지원에 필요한 조치를 할 수 있다.

제81조(의무 이행에 필요한 비용) 이 법 또는 이 법에 따른 명령·조건 또는 이에 따른 처분으로 생긴 의무의 이행에 필요한 비용은 이 법에 특별한 규정이 있는 경우 외에는 그 의무자가 부담한다.

제82조(사용료 등의 강제징수) 해양수산부장관 또는 시·도지사는 이 법 또는 이 법에 따른 명령·조건 또는 이에 따른 처분으로 인하여 관리청에 사용료 등 납부금을 내야 할 의무가 있는 자가 납부금을 내지 아니하면 국세 체납처분의 예 또는 「지방행정제재·부과금의 징수 등에 관한 법률」에 따라 징수할 수 있다. 〈개정 2020. 2. 18., 2020. 3. 24.〉

제7장 감독

제83조(법령위반 등에 대한 처분 등) ① 해양수산부장관 또는 시·도지사는 다음 각 호의 어느 하나에 해당하는 경우에는 이 법에 따른 허가·지정 또는 승인을 취소하거나 공사의 중지·변경, 시설물 또는 물건의 개축·변경·이전·제거 또는 원상회복이나 시설장비 사용중지, 그 밖에 필요한 처분을 하거나 조치를 명할 수 있다. 다만, 제1호에 해당하는 경우에는 그 허가·지정 또는 승인을 취소하여야 한다. 〈개정 2020. 2. 18., 2022. 12. 27.〉

1. 거짓이나 그 밖의 부정한 방법으로 다음 각 목의 어느 하나에 해당하는 허가, 승인 또는 지정을 받은 경우

가. 제9조제2항 본문에 따른 항만개발사업의 허가

나. 제10조제2항 본문에 따른 항만개발사업실시계획의 승인

다. 제41조제1항제1호에 따른 항만시설의 사용허가

라. 제50조제1항에 따른 사업시행자의 지정

마. 제51조제1항에 따른 항만배후단지개발사업실시계획의 승인

바. 제66조제1항에 따른 관리기관의 지정

2. 제9조제2항 본문에 따른 항만개발사업의 허가내용을 위반한 경우

3. 제10조제2항 및 제5항에 따른 항만개발사업실시계획의 승인, 변경 신고 및 항만개발사업실시계획의 수립 신고의 내용을 위반한 경우

4. 제11조를 위반하여 항만개발사업실시계획의 승인을 받거나 신고를 한 날부터 1년 이내(착수시기가 연기된 경우에는 연기된 착수시기 이내를 말한다)에 항만개발사업에 착수하지 아니한 경우

5. 거짓이나 부정한 방법으로 제34조제2항에 따라 정기검사를 면제받은 경우

6. 제41조제1항제1호에 따른 항만시설 사용허가의 내용을 위반한 경우

7. 제42조제1항에 따른 항만시설 사용료를 대통령령으로 정하는 기간 내에 내지 아니한 경우

8. 사업시행자가 제54조에 따른 승인을 받지 아니하고 원형지를 공급한 경우

② 제1항에 따른 허가·지정 또는 승인의 취소, 공사의 중지·변경, 시설물 또는 물건의 개축·변경·이전·제거 또는 원상회복이나 시설장비 사용중지, 그 밖에 필요한 처분이나 조치 명령의 세부적인 기준은 위반행위의 유형 및 그 사유와 위반의 정도 등을 고려하여 해양수산부령으로 정한다.

③ 해양수산부장관 또는 시·도지사는 제1항에 따른 처분 등을 한 경우에는 대통령령으로 정하는 바에 따라 이를 고시하여야 한다. 〈개정 2020. 2. 18.〉

제84조(공익을 위한 처분 등) 해양수산부장관 또는 시·도지사는 다음 각 호의 어느 하나에 해당하는 경우에는 제9조제2항 본문에 따른 항만개발사업의 허가, 제10조제2항에 따른 항만개발사업실시계획의 승인 또는 제41조제1항제1호에 따른 항만시설의 사용허가를 받은 자에 대하여 제83조에 따른 처분 등을 할 수 있다. 〈개정 2020. 2. 18.〉

1. 항만의 상황 변경이나 항만의 효율적 관리·운영 등 공공의 이익을 위하여 필요한 경우

2. 전시·사변 등 비상사태나 천재지변 등 불가항력적 사유가 발생한 경우

3. 항만 내 화물 적체로 항만운영에 중대한 장애가 발생하거나 발생할 우려가 있는 경우

제85조(보고 및 검사) ① 해양수산부장관 또는 시·도지사는 다음 각 호의 어느 하나에 해당하는 경우에는 이 법 또는 이 법에 따른 명령에 따라 허가·승인을 받거나 등록을 한 자 또는 항만시설운영자에게 보고를 하게 하거나 소속 공무원으로 하여금 그 허가·승인을 받거나 등록을 한 자, 시설장비관리자 또는 항만시설운영자의 사무실·사업장, 그 밖의 필요한 장소에 출입하여 항만개발사업 상황, 항만시설, 물건 및 관계 문서 등을 검사하게 할 수 있다. 〈개정 2020. 2. 18.〉

1. 다음 각 목의 내용에 대한 이행 여부의 확인이 필요한 경우

가. 제9조제2항 본문에 따른 항만개발사업 허가의 내용

나. 제10조제2항에 따른 항만개발사업실시계획 승인의 내용

다. 제32조제1항에 따른 시설장비 자체점검의 내용(소속 공무원의 출입검사로 한정한다)

라. 제41조제1항제1호에 따른 항만시설 사용허가의 내용 및 항

만시설운영자의 항만시설 운영의 내용

2. 전시·사변 등 비상사태나 천재지변 등 불가항력적 사유가 발생하여 항만의 관리·운영에 중대한 장애가 발생할 우려가 있는 경우

3. 공공사업을 추진하기 위하여 관련 자료 및 현장 확인이 필요한 경우

② 해양수산부장관 또는 관리기관은 입주계약의 이행 여부, 사업실적 등을 확인하기 위하여 필요한 경우 입주기업체에 대하여 관련 자료의 제출을 요청할 수 있으며 그 소속 공무원 또는 직원으로 하여금 입주기업체 및 그 사업장 등에 출입하여 관련 자료 등을 검사하거나 관계인에게 질문하게 할 수 있다.

③ 제1항 및 제2항에 따라 출입검사를 하려는 자는 검사일 7일 전까지 출입검사의 일시, 목적 및 내용 등에 관한 출입검사의 계획을 피검사자에게 서면으로 알려야 한다. 다만, 긴급하거나 출입검사의 계획이 알려지면 출입검사의 목적을 달성할 수 없다고 인정하는 경우에는 그러하지 아니하다.

④ 제1항 및 제2항에 따라 출입검사를 하려는 자는 그 권한을 나타내는 증표를 지니고 관계인에게 보여 주어야 하며, 출입검사를 할 때에는 성명, 출입검사의 시간, 출입검사의 목적 등이 표시된 문서를 관계인에게 내주어야 한다.

제86조(장기체류 화물의 처리) ① 해양수산부장관 또는 시·도지사는 「관세법」에 따른 통관절차가 끝난 날부터 2개월 이상 화물을 반출하지 아니하거나 내항화물(內航貨物)을 항만시설에 장치(藏置)한 후 2개월 이상 반출하지 아니하여 항만시설의 관리·운영에 지장이 있다고 인정되면 대통령령으로 정하는 바에 따라 그 화물의 소유자에게 통보일부터 1개월 이내에 그 화물을 반출할 것을 통보하여야 하며, 그 기간이 지나도 해당 화물을 반출하지 아니하는 경우에는 다시 1개월 이내의 기간을 정하여 독촉통보를 하여야 한다. 다만, 그 소유자가 있는 곳을 알 수 없어 통보나 독촉통보를 할 수 없는 경

우에는 대통령령으로 정하는 바에 따라 그 사실을 공고하여야 한다. 〈개정 2020. 2. 18.〉

② 해양수산부장관 또는 시·도지사는 화물의 소유자가 제1항에 따른 독촉통보기간이나 공고기간에 그 화물을 반출하지 아니하는 경우에는 대통령령으로 정하는 바에 따라 그 화물을 매각 또는 폐기하거나 국가 또는 시·도에 귀속시킬 수 있다. 〈개정 2020. 2. 18.〉

③ 항만시설운영자나 임대계약자는 그가 관리·운영하는 항만시설에 장치된 화물 중 「관세법」에 따른 통관절차가 끝난 날부터 2개월 이상 반출하지 아니하여 항만 운영에 지장을 주는 화물이 있는 경우에는 제1항과 제2항에 따른 조치를 할 것을 해양수산부장관 또는 시·도지사에게 요청할 수 있다. 〈개정 2020. 2. 18.〉

제8장 공용부담 및 손실보상

제87조(타인 토지에의 출입 등) ① 해양수산부장관 또는 시·도지사, 비관리청 및 사업시행자는 항만개발사업실시계획 및 항만배후단지개발사업실시계획의 작성 등을 위한 조사·측량 또는 항만개발사업·항만배후단지개발사업의 시행을 위하여 필요한 경우에는 타인이 소유하거나 점유하는 토지에 출입하거나 타인이 소유하거나 점유하는 토지를 재료적치장·임시통로 또는 임시도로로 일시 사용할 수 있으며, 특히 필요한 경우에는 나무, 흙, 돌이나 그 밖의 장애물을 변경하거나 제거할 수 있다. 〈개정 2020. 2. 18.〉

② 제1항에 따라 타인의 토지에 출입하려는 자와 타인의 토지를 일시 사용하거나 장애물을 변경 또는 제거하려는 자는 7일 전까지 그 소유자 또는 점유자에게 출입 및 일시 사용하려는 자 등의 인적사항·출입시간·출입목적 등을 서면으로 알리고 동의를 받아야 한다. 다만, 해양수산부장관 또는 시·도지사는 토지의 소유자 또는 점유자의 동의를 받지 아니하고 타인의 토지에 출입할 수 있다. 〈개정 2020. 2. 18.〉

③ 비관리청 및 사업시행자는 해당 토지의 소유자 또는 점유자가

동의를 하지 아니하거나, 주소 불명 등으로 동의를 받을 수 없는 경우에는 관할 특별자치도지사 또는 시장·군수·구청장의 허가를 받아 출입하여야 한다.

④ 해 뜨기 전 또는 해 진 후에는 해당 토지의 소유자 또는 점유자의 승낙 없이 택지 또는 담으로 둘러싸인 타인의 토지에 출입할 수 없다.

⑤ 제1항에 따라 타인의 토지에 출입하려는 자는 그 권한을 나타내는 증표를 지니고 관계인에게 보여 주어야 하며, 출입할 때에는 성명·출입시간·출입목적 등이 표시된 문서를 관계인에게 내주어야 한다.

⑥ 사업시행자는 항만배후단지개발사업실시계획의 승인을 받은 경우 항만배후단지개발사업이 예정된 공유수면에 출입하거나 이를 일시 사용할 수 있다. 이 경우 「수산업법」, 「양식산업발전법」 등 다른 법률에 따라 공유수면에 대한 권리를 가진 자는 정당한 사유 없이 그 수면에 대한 사업시행자의 출입 또는 일시 사용을 가로막거나 방해해서는 아니 된다. 〈개정 2020. 1. 29.〉

⑦ 제5항에 따른 증표에 관한 사항은 해양수산부령으로 정한다.

제88조(비상재해의 경우 토지 등의 사용) 해양수산부장관 또는 시·도지사는 재해(災害)로 인한 항만시설의 위험이나 항만 사용의 위험을 방지하기 위하여 특별히 필요하다고 인정되면 그 항만 인근에 거주하는 사람이나 재해의 현장에 있는 사람에게 노무(勞務)의 제공을 요청하거나 재해 현장에 필요한 토지·가옥·선박, 그 밖의 공작물을 일시 사용할 수 있으며, 공작물이나 그 밖의 장애물을 변경 또는 제거하거나 흙, 돌, 나무, 운반도구, 그 밖의 물건(공작물은 제외한다)을 사용하거나 수용할 수 있다. 〈개정 2020. 2. 18.〉

제89조(토지 등의 수용) ① 해양수산부장관 또는 시·도지사가 항만개발사업을 시행하거나 사업시행자가 항만배후단지개발사업을 하기 위하여 필요한 경우에는 「공익사업을 위한 토지 등의 취득 및 보상에 관한 법률」 제3조에 따른 토지, 물건 또는 권리(「수산업법」 제7

조에 따른 면허어업, 같은 법 제40조에 따른 허가어업과 같은 법 제48조에 따른 신고어업, 그리고 「양식산업발전법」 제10조에 따라 면허를 받은 양식업과 같은 법 제43조에 따라 허가를 받은 양식업에 관한 권리를 포함한다. 이하 같다)를 수용하거나 사용할 수 있다. 〈개정 2020. 1. 29., 2020. 2. 18., 2022. 1. 11.〉

② 제10조제1항에 따른 항만개발사업실시계획의 공고 또는 제48조제1항에 따른 항만배후단지 지정의 고시가 있는 경우에는 「공익사업을 위한 토지 등의 취득 및 보상에 관한 법률」 제20조제1항에 따른 사업인정 및 같은 법 제22조에 따른 사업인정의 고시가 있는 것으로 본다. 다만, 제10조제3항 단서 또는 제48조제2항에 따라 수용하거나 사용할 토지, 물건 또는 권리의 세부목록을 별도로 공고ㆍ고시한 경우에는 해당 공고ㆍ고시를 한 때에 「공익사업을 위한 토지 등의 취득 및 보상에 관한 법률」 제20조제1항에 따른 사업인정 및 같은 법 제22조에 따른 사업인정의 고시가 있는 것으로 본다.

③ 제1항에 따라 수용하거나 사용할 토지, 물건 또는 권리에 대한 토지수용위원회에의 재결(裁決)의 신청은 「공익사업을 위한 토지 등의 취득 및 보상에 관한 법률」 제23조제1항 및 제28조제1항에도 불구하고 항만개발사업실시계획 또는 항만배후단지개발사업실시계획에서 정하는 사업시행 기간에 할 수 있다.

④ 해양수산부장관 또는 시ㆍ도지사는 제1항에 따라 수용 또는 사용할 해역의 범위를 정하기 위한 기준을 정하여 고시할 수 있다. 〈개정 2022. 1. 4.〉

⑤ 제1항에 따른 수용 또는 사용에 관하여 이 법에서 특별히 규정한 사항 외에는 「공익사업을 위한 토지 등의 취득 및 보상에 관한 법률」에 따른다.

제90조(토지소유자에 대한 환지) ① 사업시행자는 항만배후단지에 토지를 소유하고 있는 자가 항만배후단지개발계획에서 정하는 바에 따라 해당 토지를 사용하려는 경우 해당 토지를 포함하여 항만배후단지개발계획에 따른 항만배후단지개발사업을 시행하고, 해당 사업

이 완료된 후 대통령령으로 정하는 바에 따라 해당 토지소유자에게 환지(換地)하여 줄 수 있다.

② 제1항에 따른 환지에 관한 사항은 「도시개발법」 제28조부터 제32조까지, 제32조의2, 제32조의3, 제33조부터 제36조까지, 제36조의2 및 제37조부터 제49조까지의 규정을 준용한다. 다만, 사업시행자가 「도시개발법」 제28조제1항에 따른 환지 계획을 포함하여 항만배후단지개발사업실시계획의 승인을 받은 경우에는 같은 법 제29조에 따른 환지 계획의 인가를 받은 것으로 본다.

제91조(토지매수업무 등의 위탁) ① 사업시행자는 항만배후단지개발사업을 위한 토지매수업무, 손실보상업무 및 이주대책업무 등을 대통령령으로 정하는 바에 따라 관할 지방자치단체 또는 대통령령으로 정하는 공공기관에 위탁할 수 있다.

② 제1항에 따라 토지매수업무, 손실보상업무 및 이주대책업무 등을 위탁하는 경우의 위탁수수료 등은 대통령령으로 정한다.

제92조(부동산 가격 안정을 위한 조치) ① 해양수산부장관, 관계 행정기관의 장 및 관할 시·도지사는 항만배후단지와 인근 지역의 토지 및 건물 등 부동산의 가격안정을 위하여 필요한 조치를 하여야 한다.

② 관할 시·도지사는 항만배후단지개발사업으로 부동산투기 또는 부동산 가격의 급등이 우려되는 지역에 대하여 관계 중앙행정기관의 장에게 다음 각 호의 조치를 할 것을 요청하여야 한다.

1. 「소득세법」 제104조의2제1항에 따른 지정지역의 지정
2. 「주택법」 제63조에 따른 투기과열지구의 지정
3. 「부동산 거래신고 등에 관한 법률」 제10조에 따른 토지거래계약에 관한 허가구역의 지정
4. 그 밖에 부동산 가격의 안정을 위하여 필요한 조치

제93조(공용부담으로 발생한 손실의 보상) ① 제87조 및 제88조에 따른 행위 또는 처분 등으로 손실을 받은 자가 있는 경우 해양수산부장관 또는 시·도지사가 한 행위나 처분 등으로 발생한 손실에 대

해서는 국가 또는 시·도가 정당한 보상을 하여야 하며, 비관리청 또는 사업시행자가 한 행위나 처분 등으로 발생한 손실에 대해서는 비관리청 또는 사업시행자가 정당한 보상을 하여야 한다. 〈개정 2020. 2. 18.〉

② 제1항에 따라 손실을 보상하려는 경우에는 그 손실을 받은 자와 협의하여야 한다.

③ 해양수산부장관, 시·도지사 또는 비관리청은 제2항에 따른 협의가 성립되지 아니하는 경우에는 스스로 결정한 금액을 손실을 받은 자에게 지급하여야 한다. 다만, 지급할 수 없는 경우에는 공탁(供託)하고 상대방에게 알려야 한다. 〈개정 2020. 2. 18.〉

④ 제3항에 따른 보상금에 불복하는 자는 손실보상금을 지급받거나 공탁통지를 받은 날부터 30일 이내에 대통령령으로 정하는 바에 따라 관할 토지수용위원회에 재결을 신청할 수 있다.

⑤ 사업시행자 또는 사업시행자가 한 행위 등으로 인하여 손실을 받은 자는 제2항에 따른 협의가 성립되지 아니하는 경우에는 관할 토지수용위원회에 재결을 신청할 수 있다. 이 경우 재결의 신청은 「공익사업을 위한 토지 등의 취득 및 보상에 관한 법률」 제23조제1항 및 제28조제1항에도 불구하고 항만배후단지개발사업실시계획에서 정하는 사업시행 기간에 할 수 있다.

⑥ 제5항에도 불구하고 「수산업법」 제7조에 따른 면허어업, 같은 법 제40조에 따른 허가어업과 같은 법 제48조에 따른 신고어업, 그리고 「양식산업발전법」 제10조에 따라 면허를 받은 양식업과 같은 법 제43조에 따라 허가를 받은 양식업에 관한 권리에 관하여는 「양식산업발전법」 제67조부터 제69조까지의 규정에 따른 보상 규정을 적용한다. 〈개정 2020. 1. 29., 2022. 1. 11.〉

제94조(공익을 위한 처분으로 발생한 손실의 보상) 제84조에 따른 처분으로 발생한 손실의 보상에 관하여는 제93조제1항부터 제4항까지의 규정을 준용한다.

제95조(항만개발사업으로 발생한 손실의 보상) ① 제9조에 따른 항

만개발사업의 시행으로 손실을 받은 자가 있는 경우에는 그 항만개발사업의 시행자가 그 손실을 보상하거나 그 손실을 방지하기 위한 시설을 설치하여야 한다.

② 제1항에 따른 손실의 보상에 관하여는 제93조제2항부터 제4항까지의 규정을 준용한다.

제9장 보칙

제96조(다른 국가사업과의 관계 등) ① 국가나 지방자치단체가 다음 각 호의 어느 하나에 해당하는 해양수산부장관 또는 시·도지사의 허가를 받아야 할 사업을 하려는 경우 그 사업을 시행하는 행정청은 다음 각 호의 규정에도 불구하고 대통령령으로 정하는 바에 따라 해양수산부장관 또는 시·도지사와 협의하거나 그 승인을 받아야 한다. 〈개정 2020. 2. 18.〉

1. 제9조제2항 본문에 따른 항만개발사업의 시행 허가
2. 제41조제1항제1호에 따른 항만시설의 사용허가

② 국가나 지방자치단체는 다음 각 호의 행위를 하려는 경우에는 미리 해양수산부장관 또는 시·도지사와 협의하여야 한다. 〈개정 2020. 2. 18.〉

1. 「공유수면 관리 및 매립에 관한 법률」 제22조에 따른 매립기본계획에 항만구역을 반영하려는 경우
2. 「국토의 계획 및 이용에 관한 법률」 제37조제1항제5호에 따른 보호지구(항만시설을 보호하기 위한 것으로 한정한다)를 지정하려는 경우
3. 항만구역, 제6조제1항제8호에 따른 항만시설 설치 예정지역을 「산업입지 및 개발에 관한 법률」에 따라 산업단지로 지정하려는 경우

③ 관계 행정기관의 장이 항만구역이나 제6조제1항제8호에 따른 항만시설 설치 예정지역에서 「광업법」, 「수산업법」, 「양식산업발전법」, 「공유수면 관리 및 매립에 관한 법률」 및 그 밖의 법령에 따라 광업권 등의 권리를 설정하거나 그 밖의 처분을 하려는 경우에는

미리 해양수산부장관 또는 시·도지사와 협의하여야 한다. 〈개정 2020. 1. 29., 2020. 2. 18.〉

제97조(행위 제한 등) ① 항만배후단지로 지정·고시된 지역에서 건축물의 건축, 공작물의 설치, 토지의 형질변경, 토석의 채취, 토지분할, 물건을 쌓아놓는 행위 등 대통령령으로 정하는 행위를 하려는 자는 해양수산부장관(「공유수면 관리 및 매립에 관한 법률」에 따라 해양수산부장관이 관리하는 공유수면에서의 행위로 한정한다. 이하 이 조에서 같다)이나 특별자치도지사·시장·군수·구청장의 허가를 받아야 한다. 허가받은 사항을 변경하려는 경우에도 또한 같다.

② 제1항에도 불구하고 다음 각 호의 어느 하나에 해당하는 행위는 허가를 받지 아니하고 할 수 있다.

1. 재해복구 또는 재난수습에 필요한 응급조치를 위하여 하는 행위
2. 경작을 위한 토지의 형질변경 등 대통령령으로 정하는 행위

③ 제1항에 따라 허가를 받아야 하는 행위로서 항만배후단지의 지정 및 고시 당시 이미 관계 법령에 따라 행위허가를 받았거나 허가를 받을 필요가 없는 행위에 관하여 그 공사 또는 사업을 시작한 자는 대통령령으로 정하는 바에 따라 해양수산부장관 또는 관할 특별자치도지사·시장·군수·구청장에게 신고한 후 공사 또는 사업을 계속 시행할 수 있다.

④ 해양수산부장관 또는 특별자치도지사·시장·군수·구청장은 제1항을 위반한 자에게 원상회복을 명할 수 있다. 이 경우 명령을 받은 자가 그 의무를 이행하지 아니하는 경우에는 해양수산부장관 또는 특별자치도지사·시장·군수·구청장은 「행정대집행법」에 따라 이를 대집행할 수 있다.

⑤ 제1항에 따른 허가에 관하여 이 법에서 규정한 사항 외에는 「국토의 계획 및 이용에 관한 법률」 제57조부터 제60조까지 및 제62조를 준용한다.

⑥ 제1항에 따라 허가를 받은 경우에는 「국토의 계획 및 이용에 관한 법률」 제56조에 따른 허가를 받은 것으로 본다.

제98조(관련 인가 · 허가 등의 의제) ① 해양수산부장관 또는 시 · 도지사가 제10조제1항 본문에 따라 항만개발사업실시계획을 수립 또는 변경하여 공고한 경우, 같은 항 단서 및 같은 조 제2항에 따라 비관리청의 항만개발사업실시계획을 승인 또는 변경승인하여 공고한 경우 및 제51조제5항에 따라 항만배후단지개발사업실시계획의 승인 또는 변경승인을 고시한 경우에는 제3항에 따라 관계 행정기관의 장과 협의한 사항에 대하여 다음 각 호의 인가 · 허가 · 결정 · 면허 · 협의 · 동의 · 승인 · 신고 또는 해제 등(이하 "인가 · 허가등"이라 한다)을 받은 것으로 보며, 다음 각 호의 법률에 따른 인가 · 허가등을 고시하거나 공고한 것으로 본다. 〈개정 2020. 2. 18., 2021. 11. 30., 2022. 12. 27.〉

1. 「건축법」 제11조에 따른 건축허가, 같은 법 제14조에 따른 건축신고, 같은 법 제16조에 따른 허가와 신고사항의 변경, 같은 법 제20조에 따른 가설건축물의 허가 · 신고 및 같은 법 제29조에 따른 건축협의
2. 「경제자유구역의 지정 및 운영에 관한 특별법」 제9조에 따른 경제자유구역개발사업 실시계획의 승인
3. 「골재채취법」 제22조에 따른 골재채취의 허가
4. 「공유수면 관리 및 매립에 관한 법률」 제8조에 따른 공유수면의 점용 · 사용허가, 같은 법 제17조에 따른 점용 · 사용 실시계획의 승인 또는 신고, 같은 법 제28조에 따른 공유수면의 매립면허, 같은 법 제35조에 따른 국가 등이 시행하는 매립의 협의 또는 승인 및 같은 법 제38조에 따른 공유수면매립실시계획의 승인
5. 「관광진흥법」 제15조에 따른 사업계획의 승인
6. 「국토의 계획 및 이용에 관한 법률」 제30조에 따른 도시 · 군관리계획의 결정, 같은 법 제56조에 따른 토지의 형질변경 · 분할허가, 같은 법 제86조에 따른 도시 · 군계획시설사업의 시행자 지정 및 같은 법 제88조에 따른 도시 · 군계획시설사업에 관한 실시계획의 인가

7. 「농어촌정비법」 제23조에 따른 농업생산기반시설의 사용허가 및 같은 법 제82조제2항에 따른 농어촌 관광휴양단지 개발 사업계획의 승인

8. 「농지법」 제34조에 따른 농지의 전용허가 또는 협의

9. 「도로법」 제107조에 따른 도로관리청과의 협의 또는 승인(같은 법 제19조에 따른 도로 노선의 지정·고시, 같은 법 제25조에 따른 도로구역의 결정, 같은 법 제36조에 따른 도로관리청이 아닌 자에 대한 도로공사 시행의 허가 및 같은 법 제61조에 따른 도로의 점용 허가에 관한 것으로 한정한다)

10. 「사방사업법」 제14조에 따른 입목·죽의 벌채, 토석·나무뿌리 또는 풀뿌리의 채취 등의 허가 및 같은 법 제20조에 따른 사방지의 지정해제

11. 「산림보호법」 제9조제1항 및 같은 조 제2항제1호·제2호에 따른 산림보호구역(산림유전자원보호구역은 제외한다)에서의 행위의 허가·신고

12. 「산림자원의 조성 및 관리에 관한 법률」 제36조제1항·제5항에 따른 입목벌채등의 허가·신고

13. 「산업입지 및 개발에 관한 법률」 제17조에 따른 국가산업단지개발실시계획의 승인, 같은 법 제18조에 따른 일반산업단지개발실시계획의 승인, 같은 법 제18조의2에 따른 도시첨단산업단지개발실시계획의 승인 및 같은 법 제19조에 따른 농공단지개발실시계획의 승인

14. 「산업집적활성화 및 공장설립에 관한 법률」 제13조에 따른 공장설립등의 승인, 같은 법 제14조에 따른 공장의 건축허가, 같은 법 제14조의2에 따른 공장건축물의 사용승인, 같은 법 제14조의3에 따른 제조시설설치승인 및 같은 법 제28조의2에 따른 지식산업센터의 설립승인 등

15. 「산지관리법」 제14조에 따른 산지전용허가, 같은 법 제15조에 따른 산지전용신고 및 같은 법 제15조의2에 따른 산지일시사용

허가 · 신고

16. 「소방시설공사업법」 제13조제1항에 따른 소방시설공사의 신고

17. 「소하천정비법」 제10조에 따른 소하천등 정비 허가

18. 「수도법」 제17조제1항에 따른 일반수도사업의 인가, 같은 법 제49조에 따른 공업용수도사업의 인가, 같은 법 제52조에 따른 전용상수도 설치의 인가 및 같은 법 제54조에 따라 준용되는 같은 법 제52조에 따른 전용공업용수도 설치의 인가

19. 「수산자원관리법」 제47조에 따른 보호수면에서의 공사시행 승인

20. 「위험물안전관리법」 제6조제1항에 따른 제조소등의 설치 허가

21. 「자연공원법」 제71조에 따른 공원관리청과의 협의

22. 「전기사업법」 제62조에 따른 자가용전기설비 공사계획의 인가 또는 신고

23. 「체육시설의 설치 · 이용에 관한 법률」 제12조에 따른 사업계획의 승인

24. 「택지개발촉진법」 제9조에 따른 택지개발사업 실시계획의 승인

25. 「하수도법」 제16조에 따른 공공하수도 공사의 시행허가 및 같은 법 제24조에 따른 점용허가

26. 「하천법」 제30조에 따른 하천공사의 시행허가, 하천공사실시계획의 인가 및 같은 법 제33조에 따른 하천의 점용허가

27. 「소방시설 설치 및 관리에 관한 법률」 제6조제1항에 따른 건축허가등의 동의

② 다음 각 호의 어느 하나에 해당하는 경우에는 그 범위에서 「공유수면 관리 및 매립에 관한 법률」 제22조 및 제27조에 따른 공유수면매립 기본계획을 수립하거나 변경하여 같은 법 제26조에 따라 고시한 것으로 보며, 「산업입지 및 개발에 관한 법률」 제6조, 제7조, 제7조의2 및 제8조에 따른 산업단지를 지정하거나 변경하여 같은 법 제7조의4에 따라 고시한 것으로 본다.

1. 제5조부터 제8조까지의 규정에 따라 항만기본계획을 수립하거

나 변경하여 고시한 경우

2. 제44조에 따라 종합계획을 수립하거나 변경하여 고시한 경우

③ 해양수산부장관 또는 시·도지사는 다음 각 호의 어느 하나에 해당하는 경우로서 그 내용에 제1항 각 호의 어느 하나에 해당되는 사항이 포함되어 있는 경우에는 관계 행정기관의 장과 미리 협의하여야 한다. 〈개정 2020. 2. 18., 2023. 5. 16.〉

1. 제10조제1항에 따라 항만개발사업실시계획을 수립하거나 이를 변경할 때

2. 제10조제2항에 따라 비관리청의 항만개발사업실시계획을 승인하거나 승인한 내용을 변경승인할 때

3. 제51조에 따라 사업시행자의 항만배후단지개발사업실시계획을 승인하거나 승인한 내용을 변경승인할 때

④ 제3항에도 불구하고 해양수산부장관 또는 시·도지사는 필요하면 관계 행정기관의 장과 협의를 마치기 전에 항만개발사업실시계획 또는 항만배후단지개발사업실시계획의 승인 또는 변경승인을 할 수 있다. 이 경우 협의를 마칠 때까지는 제1항에 따른 인가·허가등을 받은 것으로 보지 아니한다. 〈개정 2022. 1. 4.〉

⑤ 제1항, 제3항 및 제4항에서 규정한 사항 외에 인가·허가등 의제의 기준 및 효과 등에 관하여는 「행정기본법」 제24조부터 제26조까지를 준용한다. 〈개정 2023. 5. 16.〉

제99조(인가·허가등 의제를 위한 일괄협의회) ① 해양수산부장관 또는 시·도지사는 제98조제3항에 따라 관계 행정기관의 장과 협의하기 위하여 대통령령으로 정하는 바에 따라 인가·허가등 의제를 위한 일괄협의회를 개최할 수 있다. 〈개정 2020. 2. 18.〉

② 제98조제3항에 따른 관계 행정기관의 장은 소속 공무원을 제1항에 따른 일괄협의회에 참석하게 하여야 한다.

제100조(청문) 해양수산부장관, 시·도지사 또는 관리기관은 다음 각 호의 어느 하나에 해당하는 처분을 하려는 경우에는 「행정절차법」에 따라 청문을 하여야 한다. 〈개정 2020. 2. 18.〉

1. 제35조제4항에 따른 검사대행기관 지정의 취소

2. 제50조제3항에 따른 사업시행자의 변경 또는 지정의 취소

3. 제72조에 따른 1종 항만배후단지 입주계약의 해지

4. 제83조 또는 제84조에 따른 항만개발사업 허가의 취소, 항만개발사업실시계획 승인의 취소, 항만시설 사용허가의 취소, 사업시행자의 지정취소 또는 항만배후단지개발사업실시계획 승인의 취소

제101조(권리·의무의 이전) ① 이 법에 따른 허가나 승인으로 발생한 권리나 의무를 이전하려면 해양수산부령으로 정하는 바에 따라 해양수산부장관 또는 시·도지사의 인가를 받아야 한다. 다만, 상속 등 대통령령으로 정하는 사유로 권리·의무가 이전되는 경우에는 인가를 받지 아니하여도 된다. 〈개정 2020. 2. 18.〉

② 제1항 본문에 따른 권리·의무의 이전은 해양수산부장관 또는 시·도지사의 인가를 받은 날부터 효력이 발생한다. 〈개정 2020. 2. 18.〉

제102조(한국항만협회의 설립) ① 항만건설 관련자는 항만건설에 관한 조사·연구 및 기술개발과 항만건설 관련 정보의 공동활용 촉진 등 항만건설산업의 건전한 발전을 위하여 해양수산부장관의 승인을 받아 한국항만협회(이하 "협회"라 한다)를 설립할 수 있다.

② 협회는 법인으로 한다.

③ 협회는 다음 각 호의 사업을 한다.

1. 항만에 관한 조사·연구 및 홍보

2. 항만건설기술 정보의 수집·분석 및 제공

3. 항만건설에 따르는 조사·설계·감리·기술에 관한 용역 및 시설물 안전점검에 관한 업무

4. 항만건설기술 향상을 위한 교육훈련 및 지원

5. 제1호부터 제4호까지의 사업에 딸린 사업으로서 협회의 정관으로 정하는 사업

④ 협회의 정관은 해양수산부장관의 인가를 받아야 하며, 정관의 기재사항과 운영 등에 필요한 사항은 대통령령으로 정한다.

⑤ 해양수산부장관은 협회에 대하여 감독상 필요한 경우에는 그 업무에 관한 사항을 보고하게 하거나 자료의 제출을 요청할 수 있으며, 소속 공무원에게 그 사무실·사업장이나 그 밖에 필요한 장소에 출입하여 장부, 서류 또는 그 밖의 물건을 검사하거나 관계인에게 질문하게 할 수 있다.

⑥ 제5항에 따라 출입·검사 또는 질문을 하려는 공무원은 그 권한을 나타내는 증표를 지니고 이를 관계인에게 내보여야 한다.

⑦ 협회에 관하여 이 법에서 정한 것을 제외하고는 「민법」 중 사단법인에 관한 규정을 준용한다.

제103조(항만 관련 국제협력 등의 지원) 해양수산부장관은 국내 항만 및 항만 산업과 관련한 국제협력의 증진 및 관련 국내 기업의 해외 시장 진출을 지원하기 위하여 다음 각 호의 업무를 수행할 수 있다.

1. 항만 관련 국제협력사업의 발굴, 관리, 조사·연구 및 정보 제공
2. 항만 관련 국제협력을 위한 인적 교류 및 관련 인력에 대한 교육훈련
3. 해외항만개발사업 진출 자문 및 기술지원
4. 항만 및 항만 산업과 관련한 정보의 국제적 교환 및 홍보
5. 항만 관련 국제기구 및 원조 관련 기관과의 협력
6. 그 밖에 항만 및 항만 산업과 관련한 국제협력 증진 및 해외 시장 진출과 관련된 업무

제104조(권한 등의 위임·위탁) ① 이 법에 따른 해양수산부장관의 권한은 대통령령으로 정하는 바에 따라 그 일부를 그 소속기관의 장 또는 시·도지사에게 위임할 수 있다.

② 이 법에 따른 해양수산부장관의 업무는 대통령령으로 정하는 바에 따라 그 일부를 협회, 「항만공사법」 제4조에 따른 항만공사, 「한국해운조합법」 제4조에 따른 한국해운조합 또는 「한국수자원공사법」 제2조에 따른 한국수자원공사에 위탁할 수 있다.

제105조(수수료) 이 법에 따른 허가를 받거나 등록 또는 신고를 하

려는 자는 해양수산부령으로 정하는 바에 따라 수수료를 내야 한다.

제106조(조세감면) 국가나 지방자치단체는 비관리청이 실시하는 항만개발사업을 장려하기 위하여 「조세특례제한법」 또는 「지방세특례제한법」에서 정하는 바에 따라 조세를 감면할 수 있다.

제10장 벌칙

제107조(벌칙) 정당한 사유 없이 항만시설의 구조 또는 위치를 변경하거나 항만시설을 훼손하여 항만의 효용을 떨어뜨리거나 선박의 입항·출항에 위해(危害)를 발생시킨 자는 5년 이하의 징역 또는 3천만원 이하의 벌금에 처한다.

제108조(벌칙) 다음 각 호의 어느 하나에 해당하는 자는 3년 이하의 징역 또는 3천만원 이하의 벌금에 처한다.

1. 거짓이나 그 밖의 부정한 방법으로 제9조제2항 본문에 따른 허가를 받은 자
2. 거짓이나 그 밖의 부정한 방법으로 제50조제1항에 따른 사업시행자의 지정을 받은 자
3. 거짓이나 그 밖의 부정한 방법으로 제51조제1항 또는 제3항에 따른 항만배후단지개발사업실시계획의 승인 또는 변경승인을 받은 자
4. 제71조제1항에 따라 입주계약 또는 변경계약을 체결하지 아니하거나 거짓 또는 그 밖의 부정한 방법으로 입주계약 또는 변경계약을 체결하여 1종 항만배후단지에서 사업을 한 자
5. 제72조에 따라 입주계약이 해지된 후 제73조제1항에 따른 잔무 처리 외에 그 사업을 한 자

제109조(벌칙) 다음 각 호의 어느 하나에 해당하는 자는 2년 이하의 징역 또는 2천만원 이하의 벌금에 처한다. 〈개정 2020. 2. 18.〉

1. 제9조제2항을 위반하여 같은 항 본문에 따른 허가를 받지 아니하고 항만개발사업을 시행한 자
2. 제10조제2항 본문에 따른 항만개발사업실시계획의 승인을 받

지 아니하거나 같은 항 단서 또는 같은 조 제5항에 따른 신고를 하지 아니하고 항만개발사업을 시행한 자

3. 제17조를 위반하여 제6조제1항제6호에 따른 항만시설의 용도 및 제9조제2항 본문에 따른 허가 목적과 다르게 토지 및 항만시설을 사용한 자

4. 제19조제1항을 위반하여 토지 및 항만시설을 타인에게 양도한 자

5. 제28조를 위반하여 항만에서의 금지행위를 한 자

6. 제41조제1항 전단을 위반하여 항만시설을 사용한 자

7. 거짓이나 그 밖의 부정한 방법으로 제41조제1항제1호에 따른 사용허가를 받은 자

8. 제51조제1항에 따라 항만배후단지개발사업실시계획의 승인을 받지 아니하고 항만배후단지개발사업을 시행한 자

9. 정당한 사유 없이 제88조에 따른 해양수산부장관 또는 시ㆍ도지사의 행위 또는 처분을 거부하거나 방해한 자

10. 거짓이나 그 밖의 부정한 방법으로 제97조제1항에 따른 허가 또는 변경허가를 받은 자

제110조(벌칙) 다음 각 호의 어느 하나에 해당하는 자는 1년 이하의 징역 또는 1천만원 이하의 벌금에 처한다. 〈개정 2022. 12. 27.〉

1. 제12조제5항 단서 또는 제58조제5항 단서에 따른 사용신고를 하지 아니하고 조성되거나 설치된 토지 또는 시설을 사용한 자

2. 제18조제1항을 위반하여 토지 및 항만시설을 타인에게 임대한 자

3. 제38조제1항에 따른 안전점검을 실시하지 아니한 자

4. 제40조를 위반하여 자격요건을 갖추지 아니하고 항만건설장비를 조종한 자

5. 제73조제2항, 제74조제1항ㆍ제2항 또는 제4항을 위반하여 토지 또는 공장등을 처분한 자

6. 제75조제1항을 위반하여 토지 또는 공장등을 처분 또는 사용한 자

7. 제83조제1항 및 제84조에 따른 공사의 중지ㆍ변경, 시설물 또는 물건의 개축ㆍ변경ㆍ이전ㆍ제거ㆍ원상회복 또는 시설장비 사용중지, 그 밖에 필요한 처분이나 조치 명령을 위반한 자

8. 항만배후단지에서 제97조제1항에 따른 허가 또는 변경허가를 받지 아니하고 같은 항에 따른 행위를 한 자

9. 제102조제5항에 따른 보고 또는 자료제출 요청에 대하여 거짓으로 보고 또는 자료제출을 한 자

제111조(양벌규정) 법인의 대표자나 법인 또는 개인의 대리인, 사용인, 그 밖의 종업원이 그 법인 또는 개인의 업무에 관하여 제107조부터 제110조까지의 어느 하나에 해당하는 위반행위를 하면 그 행위자를 벌하는 외에 그 법인 또는 개인에게도 해당 조문의 벌금형을 과(科)한다. 다만, 법인 또는 개인이 그 위반행위를 방지하기 위하여 해당 업무에 관하여 상당한 주의와 감독을 게을리하지 아니한 경우에는 그러하지 아니하다.

제112조(벌칙 적용에서 공무원 의제) 다음 각 호의 사람은 「형법」 제127조 및 제129조부터 제132조까지의 규정을 적용할 때에는 공무원으로 본다.

1. 제4조제1항부터 제3항까지의 규정에 따른 중앙심의회, 분과심의회 및 지방항만심의회의 위원 중 공무원이 아닌 위원

2. 제104조제2항에 따라 위탁업무를 하는 협회, 항만공사, 한국해운조합 또는 한국수자원공사의 임직원

제113조(과태료) ① 다음 각 호의 어느 하나에 해당하는 자에게는 200만원 이하의 과태료를 부과한다. 〈개정 2022. 1. 4.〉

1. 제19조제2항에 따른 양수에 관한 신고를 하지 아니한 자

2. 제31조제1항에 따른 신고를 하지 아니한 자

3. 제32조제1항에 따른 자체점검을 하지 아니하거나 자체점검 결과 정비ㆍ보수가 필요한 시설장비에 대하여 지체 없이 필요한 조치

를 하지 아니한 자

4. 제32조제2항에 따른 자체점검기록과 정비 · 보수에 관한 기록을 작성 · 관리하지 아니한 자

5. 제33조제1항에 따른 검사를 받지 아니한 자

6. 제34조제2항의 검사성적서를 거짓으로 작성하여 제출한 자

7. 제35조제4항에 따라 검사대행기관의 지정이 취소된 후 또는 검사대행의 자격이 정지된 기간 중에 검사업무를 한 자

8. 제35조제5항에 따른 개선명령을 이행하지 아니한 자

9. 제38조제2항을 위반하여 정당한 사유 없이 보고 또는 자료제출을 하지 아니하거나 거짓으로 보고 또는 자료를 작성 · 제출한 자

10. 제41조제1항 후단에 따른 신고를 하지 아니한 자

11. 제73조제3항, 제74조제5항 또는 제75조제2항에 따른 고지를 하지 아니한 자

12. 제85조제1항 또는 제2항(해양수산부장관 또는 제66조제2항제1호에 해당하는 관리기관의 자료제출 요청 및 출입검사에 관한 부분으로 한정한다)을 위반하여 보고를 하지 아니하거나 거짓으로 한 자, 정당한 사유 없이 출입검사를 거부 · 방해하거나 기피한 자 또는 정당한 사유 없이 자료를 제출하지 아니하거나 거짓으로 작성 · 제출한 자

13. 정당한 사유 없이 제87조제1항에 따른 해양수산부장관(제104조제1항에 따라 해양수산부장관의 권한을 위임받은 자를 포함한다), 시 · 도지사, 비관리청 또는 사업시행자의 행위를 거부하거나 방해한 자

14. 제87조제2항 또는 제3항을 위반하여 토지의 소유자 또는 점유자의 동의 없이 토지에 출입하거나 허가를 받지 아니하고 출입한 자

15. 제87조제6항 후단을 위반하여 사업시행자의 공유수면에의 출입 또는 일시 사용을 가로막거나 방해한 자

16. 제102조제5항을 위반하여 정당한 사유 없이 보고 또는 자료

제출을 하지 아니하거나 거짓으로 한 자 또는 질문에 대하여 진술을 거부한 자

② 제28조제2항에 따른 출입통제 지역을 출입한 사람에게는 100만원 이하의 과태료를 부과한다.

③ 제1항 및 제2항에 따른 과태료는 대통령령으로 정하는 바에 따라 해양수산부장관 또는 시·도지사가 부과·징수한다. 다만, 제1항제7호·제8호의 경우에는 해양수산부장관이 부과·징수한다. 〈개정 2022. 1. 4.〉

부칙 〈제16568호, 2019. 8. 27.〉 (양식산업발전법)

제1조(시행일) 이 법은 공포 후 1년이 경과한 날부터 시행한다.

제2조 부터 제14조까지 생략

제15조(다른 법률의 개정) ①부터 〈54〉까지 생략

〈55〉 법률 제16902호 항만법 전부개정법률 일부를 다음과 같이 개정한다. 〈개정 2020. 1. 29.〉

제87조제6항 후단 중 "「수산업법」"을 "「수산업법」, 「양식산업발전법」"으로 한다.

제89조제1항 중 "허가어업 및"을 "허가어업과"로, "신고어업에 관한"을 "신고어업, 그리고 「양식산업발전법」 제10조에 따라 면허를 받은 양식업과 같은 법 제43조에 따라 허가를 받은 양식업에 관한"으로 한다.

제93조제6항 중 "허가어업 및"을 "허가어업과"로, "신고어업에 대한 손실의 보상에 관하여는 같은 법 제81조부터 제87조까지의 규정을"을 "신고어업, 그리고 「양식산업발전법」 제10조에 따라 면허를 받은 양식업과 같은 법 제43조에 따라 허가를 받은 양식업에 관한 권리에 관하여는 「양식산업발전법」 제67조부터 제69조까지의 규정에 따른 보상 규정을"로 한다.

제96조제3항 중 "「수산업법」"을 "「수산업법」, 「양식산업발전법」"으로 한다.

〈56〉부터 〈61〉까지 생략

제16조 생략

부칙 〈제16902호, 2020. 1. 29.〉

제1조(시행일) 이 법은 공포 후 6개월이 경과한 날부터 시행한다.

제2조(항만개발사업 시행허가에 관한 적용례) 제9조제3항제5호 및 제6호의 개정규정은 이 법 시행 이후 같은 조 제2항 본문에 따라 항만개발사업 시행허가를 신청하는 경우부터 적용한다.

제3조(항만개발사업실시계획의 변경 신고에 관한 적용례) 제10조제2항 단서의 개정규정은 이 법 시행 이후 항만개발사업실시계획을 변경하는 경우부터 적용한다.

제4조(비관리청의 항만개발사업의 착수기한에 관한 적용례) 제11조 본문의 개정규정 중 비관리청의 항만개발사업 착수기한에 관한 부분은 이 법 시행 이후 제10조제2항 또는 제5항의 개정규정에 따라 항만개발사업실시계획의 승인을 받거나 신고를 한 경우부터 적용한다.

제5조(토지의 매도청구 등에 관한 적용례) 제16조 및 제61조의 개정규정은 이 법 시행 이후 제12조제3항 또는 제58조제2항에 따른 준공확인증명서를 발급받은 경우부터 적용한다.

제6조(비귀속 토지·항만시설의 목적 외 사용 금지에 관한 적용례) 제17조의 개정규정은 이 법 시행 이후 제12조제3항에 따라 준공확인증명서를 발급받은 경우부터 적용한다.

제7조(비귀속 토지·항만시설의 양도제한 등에 관한 적용례) 제19조의 개정규정은 이 법 시행 이후 제9조제2항 본문에 따라 항만개발사업 시행허가를 신청하는 경우부터 적용한다.

제8조(입주계약 등에 관한 적용례) 제71조부터 제73조까지의 개정규정은 이 법 시행 이후 1종 항만배후단지에 입주하는 자부터 적용한다.

제9조(토지 또는 공장등의 처분제한에 관한 적용례) 제74조의 개정규정은 이 법 시행 이후 1종 항만배후단지에서 토지를 분양받거나

양수한 자부터 적용한다.

제10조(경매 등에 의하여 취득한 토지 또는 공장등의 사용 등에 관한 적용례) 제75조의 개정규정은 이 법 시행 이후 토지 또는 공장등을 취득한 자부터 적용한다.

제11조(권리·의무의 이전에 대한 인가에 관한 적용례) 제101조제2항의 개정규정은 이 법 시행 이후 제101조제1항 본문의 개정규정에 따른 권리·의무를 이전하는 경우부터 적용한다.

제12조(처분 등에 관한 일반적 경과조치) 이 법 시행 당시 종전의 「항만법」에 따른 행정기관의 행위나 행정기관에 대한 행위는 그에 해당하는 이 법에 따른 행정기관의 행위나 행정기관에 대한 행위로 본다.

제13조(행정처분에 관한 경과조치) 이 법 시행 전의 위반행위에 대하여 행정처분을 적용할 때에는 종전의 「항만법」에 따른다.

제14조(지방항만정책심의회에 관한 경과조치) 이 법 시행 당시 종전의 「항만법」에 따라 구성·운영되는 지방항만정책심의회는 제4조제3항의 개정규정에 따른 지방항만심의회로 본다.

제15조(항만공사 시행허가 등에 관한 경과조치) 이 법 시행 당시 종전의 「항만법」에 따른 항만공사 시행허가 또는 그에 대한 신청은 제9조제2항의 개정규정에 따른 항만개발사업 시행허가 또는 그에 대한 신청으로 본다.

제16조(상항구에 관한 경과조치) 이 법 시행 당시 종전의 「항만법」에 따라 설정된 상항구는 제21조제1호의 개정규정에 따라 설정된 상업항구로 본다.

제17조(정기점검·정밀점검 및 긴급점검에 관한 경과조치) 이 법 시행 당시 종전의 「항만법」에 따라 실시하였거나 실시 중에 있는 정기점검·정밀점검 및 긴급점검은 제38조제1항제2호의 개정규정에 따른 정기안전점검·정밀안전점검 및 긴급안전점검으로 본다.

제18조(항만협회에 관한 경과조치) 이 법 시행 당시 종전의 「항만법」에 따라 설립된 항만협회는 제102조의 개정규정에 따라 설립된

한국항만협회로 본다.

제19조(다른 법률의 개정) ① 2018 평창 동계올림픽대회 및 동계패럴림픽대회 지원 등에 관한 특별법 일부를 다음과 같이 개정한다.

제57조제1항제19호를 다음과 같이 한다.

19. 「항만법」 제9조제2항에 따른 항만개발사업 시행의 허가 및 같은 법 제10조제2항에 따른 항만개발사업실시계획의 승인

② 경제자유구역의 지정 및 운영에 관한 특별법 일부를 다음과 같이 개정한다.

제7조의6제1항제4호 중 "「항만법」 제42조"를 "「항만법」 제46조"로 한다.

제11조제1항제19호를 다음과 같이 한다.

19. 「항만법」 제9조제2항에 따른 항만개발사업 시행의 허가 및 같은 법 제10조제2항에 따른 항만개발사업실시계획의 승인

③ 공공주택 특별법 일부를 다음과 같이 개정한다.

제18조제1항제36호 중 "같은 법 제9조제2항에 따른 항만공사시행의 허가, 같은 법 제10조제2항에 따른 실시계획의 승인"을 "같은 법 제9조제2항에 따른 항만개발사업 시행의 허가 및 같은 법 제10조제2항에 따른 항만개발사업실시계획의 승인"으로 한다.

④ 공유수면 관리 및 매립에 관한 법률 일부를 다음과 같이 개정한다.

제39조제1항제20호를 다음과 같이 한다.

20. 「항만법」 제9조제2항에 따른 항만개발사업 시행의 허가 및 같은 법 제10조제2항에 따른 항만개발사업실시계획의 승인

⑤ 공익사업을 위한 토지 등의 취득 및 보상에 관한 법률 일부를 다음과 같이 개정한다.

제69조제1항 각 호 외의 부분 중 "「항만법」에 따른 항만공사"를 "「항만법」에 따른 항만개발사업"으로 한다.

별표 제107호 중 "항만공사, 항만배후단지개발사업 또는 항만재개발사업"을 "항만개발사업 또는 항만배후단지개발사업"으로 한다.

⑥ 공항시설법 일부를 다음과 같이 개정한다.
제8조제1항제29호를 다음과 같이 한다.
29. 「항만법」 제9조제2항에 따른 항만개발사업 시행의 허가 및 같은 법 제10조제2항에 따른 항만개발사업실시계획의 승인
⑦ 관광진흥법 일부를 다음과 같이 개정한다.
제58조제1항제8호를 다음과 같이 한다.
8. 「항만법」 제9조제2항에 따른 항만개발사업 시행의 허가 및 같은 법 제10조제2항에 따른 항만개발사업실시계획의 승인
⑧ 교통시설특별회계법 일부를 다음과 같이 개정한다.
제7조제1항제2호 중 "「항만법」 제30조"를 "「항만법」 제42조"로 한다.
⑨ 국가통합교통체계효율화법 일부를 다음과 같이 개정한다.
제80조제1항제4호 중 "「항만법」 제30조"를 "「항만법」 제41조"로 한다.
⑩ 국방·군사시설 사업에 관한 법률 일부를 다음과 같이 개정한다.
제7조제1항제22호를 다음과 같이 한다.
22. 「항만법」 제9조제2항에 따른 항만개발사업 시행의 허가 및 같은 법 제10조제2항에 따른 항만개발사업실시계획의 승인
⑪ 국토의 계획 및 이용에 관한 법률 일부를 다음과 같이 개정한다.
제92조제1항제27호를 다음과 같이 한다.
27. 「항만법」 제9조제2항에 따른 항만개발사업 시행의 허가 및 같은 법 제10조제2항에 따른 항만개발사업실시계획의 승인
⑫ 기업도시개발 특별법 일부를 다음과 같이 개정한다.
제13조제1항제38호를 다음과 같이 한다.
38. 「항만법」 제9조제2항에 따른 항만개발사업 시행의 허가 및 같은 법 제10조제2항에 따른 항만개발사업실시계획의 승인
⑬ 농업생산기반시설 및 주변지역 활용에 관한 특별법 일부를 다음과 같이 개정한다.
제15조제1항제35호를 다음과 같이 한다.

35. 「항만법」 제9조제2항에 따른 항만개발사업 시행의 허가 및 같은 법 제10조제2항에 따른 항만개발사업실시계획의 승인

⑭ 댐 주변지역 친환경 보전 및 활용에 관한 특별법 일부를 다음과 같이 개정한다.

제15조제1항제27호를 다음과 같이 한다.

27. 「항만법」 제9조제2항에 따른 항만개발사업 시행의 허가 및 같은 법 제10조제2항에 따른 항만개발사업실시계획의 승인

⑮ 도로법 일부를 다음과 같이 개정한다.

제12조제1항 중 "「항만법」 제3조에 따라 해양수산부장관이 지정한 항만"을 "「항만법」 제3조에 따라 대통령령으로 정하는 항만"으로 한다.

⑯ 도선법 일부를 다음과 같이 개정한다.

제37조의2 중 "「항만법」 제89조"를 "「항만법」 제26조"로 한다.

⑰ 도시개발법 일부를 다음과 같이 개정한다.

제19조제1항제17호를 다음과 같이 한다.

17. 「항만법」 제9조제2항에 따른 항만개발사업 시행의 허가 및 같은 법 제10조제2항에 따른 항만개발사업실시계획의 승인

⑱ 동·서·남해안 및 내륙권 발전 특별법 일부를 다음과 같이 개정한다.

제15조제1항제35호를 다음과 같이 한다.

35. 「항만법」 제9조제2항에 따른 항만개발사업 시행의 허가 및 같은 법 제10조제2항에 따른 항만개발사업실시계획의 승인

⑲ 마리나항만의 조성 및 관리 등에 관한 법률 일부를 다음과 같이 개정한다.

제16조제1항제27호 중 "같은 법 제9조제2항에 따른 항만공사계획의 허가, 같은 법 제10조제2항에 따른 항만공사실시계획의 승인"을 "같은 법 제9조제2항에 따른 항만개발사업 시행의 허가 및 같은 법 제10조제2항에 따른 항만개발사업실시계획의 승인"으로 한다.

⑳ 무인도서의 보전 및 관리에 관한 법률 일부를 다음과 같이 개

정한다.

제18조제1항제13호를 다음과 같이 한다.

13. 「항만법」 제9조제2항에 따른 항만개발사업 시행의 허가 및 같은 법 제10조제2항에 따른 항만개발사업실시계획의 승인

㉑ 문화산업진흥 기본법 일부를 다음과 같이 개정한다.

제28조제1항제5호를 다음과 같이 한다.

5. 「항만법」 제9조제2항에 따른 항만개발사업 시행의 허가

㉒ 물류시설의 개발 및 운영에 관한 법률 일부를 다음과 같이 개정한다.

제21조제1항제17호를 다음과 같이 한다.

17. 「항만법」 제9조제2항에 따른 항만개발사업 시행의 허가 및 같은 법 제10조제2항에 따른 항만개발사업실시계획의 승인

제30조제1항제28호를 다음과 같이 한다.

28. 「항만법」 제9조제2항에 따른 항만개발사업 시행의 허가 및 같은 법 제10조제2항에 따른 항만개발사업실시계획의 승인

㉓ 사법경찰관리의 직무를 수행할 자와 그 직무범위에 관한 법률 일부를 다음과 같이 개정한다.

제6조제34호자목을 다음과 같이 한다.

자. 「항만법」(제28조만 해당한다)

㉔ 산업입지 및 개발에 관한 법률 일부를 다음과 같이 개정한다.

제21조제1항제5호 중 "같은 법 제9조제2항에 따른 항만공사 시행의 허가 및 같은 법 제10조제2항에 따른 실시계획의 승인"을 "같은 법 제9조제2항에 따른 항만개발사업 시행의 허가 및 같은 법 제10조제2항에 따른 항만개발사업실시계획의 승인"으로 한다.

㉕ 새만금사업 추진 및 지원에 관한 특별법 일부를 다음과 같이 개정한다.

제17조제1항제45호를 다음과 같이 한다.

45. 「항만법」 제9조제2항에 따른 항만개발사업 시행의 허가 및 같은 법 제10조제2항에 따른 항만개발사업실시계획의 승인

㉖ 선박안전법 일부를 다음과 같이 개정한다.

제36조제2항 후단 및 제75조제1항 각 호 외의 부분 중 "「항만법」 제30조제1항"을 각각 "「항만법」 제41조제1항"으로 한다.

㉗ 선박의 입항 및 출항 등에 관한 법률 일부를 다음과 같이 개정한다.

제2조제2호 중 "「항만법」 제2조제5호가목(1)"을 "「항만법」 제2조제5호가목1)"로 한다.

㉘ 선박직원법 일부를 다음과 같이 개정한다.

제25조의2 중 "「항만법」 제89조"를 "「항만법」 제26조"로 한다.

㉙ 선원법 일부를 다음과 같이 개정한다.

제159조 중 "「항만법」 제89조"를 "「항만법」 제26조"로 한다.

㉚ 송유관 안전관리법 일부를 다음과 같이 개정한다.

제4조제1항제15호를 다음과 같이 한다.

15. 「항만법」 제9조제2항에 따른 항만개발사업 시행의 허가

㉛ 식품산업진흥법 일부를 다음과 같이 개정한다.

제19조의3제3항제13호를 다음과 같이 한다.

13. 「항만법」 제9조제2항에 따른 항만개발사업 시행의 허가

㉜ 신항만건설 촉진법 일부를 다음과 같이 개정한다.

제13조제6항 후단 중 "제9조제1항 본문에 따라 항만공사를 시행하여 완료한 경우"를 "제9조제1항에 따라 항만개발사업을 시행하여 완료한 경우"로, "제85조제1항 각 호의 허가 등"을 "제98조제1항 각 호의 허가 등"으로, "항만공사로 조성되거나 설치된 토지 또는 항만시설"을 "항만개발사업으로 조성되거나 설치된 토지 또는 항만시설"로 한다.

㉝ 아시아문화중심도시 조성에 관한 특별법 일부를 다음과 같이 개정한다.

제33조제1항제22호를 다음과 같이 한다.

22. 「항만법」 제9조제2항에 따른 항만개발사업 시행의 허가 및 같은 법 제10조제2항에 따른 항만개발사업실시계획의 승인

㉞ 법률 제16568호 양식산업발전법 일부개정법률 일부를 다음과 같이 개정한다.

부칙 제15조제55항을 다음과 같이 한다.

〈55〉 법률 제16902호 항만법 전부개정법률 일부를 다음과 같이 개정한다.

제87조제6항 후단 중 "「수산업법」"을 "「수산업법」, 「양식산업발전법」"으로 한다.

제89조제1항 중 "허가어업 및"을 "허가어업과"로, "신고어업에 관한"을 "신고어업, 그리고 「양식산업발전법」 제10조에 따라 면허를 받은 양식업과 같은 법 제43조에 따라 허가를 받은 양식업에 관한"으로 한다.

제93조제6항 중 "허가어업 및"을 "허가어업과"로, "신고어업에 대한 손실의 보상에 관하여는 같은 법 제81조부터 제87조까지의 규정을"을 "신고어업, 그리고 「양식산업발전법」 제10조에 따라 면허를 받은 양식업과 같은 법 제43조에 따라 허가를 받은 양식업에 관한 권리에 관하여는 「양식산업발전법」 제67조부터 제69조까지의 규정에 따른 보상 규정을"로 한다.

제96조제3항 중 "「수산업법」"을 "「수산업법」, 「양식산업발전법」"으로 한다.

㉟ 여수세계박람회 기념 및 사후활용에 관한 특별법 일부를 다음과 같이 개정한다.

제19조제1항제22호 중 "같은 법 제9조제2항에 따른 항만공사 시행의 허가 및 같은 법 제10조제2항에 따른 항만공사실시계획의 승인"을 "같은 법 제9조제2항에 따른 항만개발사업 시행의 허가 및 같은 법 제10조제2항에 따른 항만개발사업실시계획의 승인"으로 한다.

㊱ 유통산업발전법 일부를 다음과 같이 개정한다.

제30조제1항제11호를 다음과 같이 한다.

11. 「항만법」 제9조제2항에 따른 항만개발사업 시행의 허가 및

같은 법 제10조제2항에 따른 항만개발사업실시계획의 승인

㊲ 자연재해대책법 일부를 다음과 같이 개정한다.

제14조의2제2항제30호를 다음과 같이 한다.

30. 「항만법」 제9조제2항에 따른 항만개발사업 시행의 허가 및 같은 법 제10조제2항에 따른 항만개발사업실시계획의 승인

㊳ 재해위험 개선사업 및 이주대책에 관한 특별법 일부를 다음과 같이 개정한다.

제17조제1항제35호를 다음과 같이 한다.

35. 「항만법」 제9조제2항에 따른 항만개발사업 시행의 허가 및 같은 법 제10조제2항에 따른 항만개발사업실시계획의 승인

㊴ 저수지·댐의 안전관리 및 재해예방에 관한 법률 일부를 다음과 같이 개정한다.

제21조제22호를 다음과 같이 한다.

22. 「항만법」 제9조제2항에 따른 항만개발사업 시행의 허가 및 같은 법 제10조제2항에 따른 항만개발사업실시계획의 승인

㊵ 전원개발촉진법 일부를 다음과 같이 개정한다.

제6조제1항제14호를 다음과 같이 한다.

14. 「항만법」 제9조제2항에 따른 항만개발사업 시행의 허가 및 같은 법 제10조제2항에 따른 항만개발사업실시계획의 승인

㊶ 접경지역 지원 특별법 일부를 다음과 같이 개정한다.

제14조제1항제17호를 다음과 같이 한다.

17. 「항만법」 제9조제2항에 따른 항만개발사업 시행의 허가 및 같은 법 제10조제2항에 따른 항만개발사업실시계획의 승인

㊷ 제주특별자치도 설치 및 국제자유도시 조성을 위한 특별법 일부를 다음과 같이 개정한다.

제148조제1항제35호를 다음과 같이 한다.

35. 「항만법」 제9조제2항에 따른 항만개발사업 시행의 허가 및 같은 법 제10조제2항에 따른 항만개발사업실시계획의 승인

법률 제16774호 제주특별자치도 설치 및 국제자유도시 조성을

위한 특별법 일부개정법률 제364조제9항제1호 중 "관리청이 시행하는 항만공사"를 "해양수산부장관이 시행하는 항만개발사업"으로 하고, 같은 항 제2호 중 "항만공사실시계획"을 "항만개발사업실시계획"으로, "항만공사"를 "항만개발사업"으로 한다.

제439조제2항 중 "「항만법」 제11조 본문, 제16조제1항, 제20조, 제61조제1항 · 제2항, 같은 조 제5항 단서, 제62조 및 제83조제1항(허가의 권한이 도지사에게 있는 경우의 협의 · 승인에 한정한다)부터 제3항까지"를 "「항만법」 제11조 본문, 제20조, 제24조제1항, 제58조제1항 · 제2항, 같은 조 제5항 단서, 같은 조 제6항, 제59조 및 제96조제1항(허가의 권한이 도지사에게 있는 경우의 협의 · 승인으로 한정한다)부터 제3항까지"로 하고, 같은 조 제3항을 다음과 같이 한다.

③ 「항만법」 제2조제5호, 제7조제3항 단서, 제9조, 제10조제2항 · 제4항 · 제5항 · 제7항, 제12조제1항부터 제3항까지, 같은 조 제5항 단서, 같은 조 제6항, 제13조부터 제15조까지, 제21조부터 제23조까지, 제25조제1항, 제31조제1항, 제33조제1항, 제34조, 제41조부터 제43조까지, 제82조, 제83조(이양된 권한에 따른 법령위반 등에 대한 처분 또는 조치로 한정한다)부터 제89조까지, 제93조부터 제95조까지, 제100조(이양된 권한에 따른 청문으로 한정한다), 제101조, 제105조 및 제113조제2항(이양된 권한에 따른 과태료의 부과 · 징수로 한정한다)에 따른 해양수산부장관의 권한은 도지사의 권한으로 한다.

제439조제4항 중 "「항만법」 제19조제1항"을 "「항만법」 제25조제2항"으로 하고, 같은 조 제5항 중 "「항만법」 제10조제4항, 제19조제2항, 제30조제1항 본문, 같은 조 제4항 단서, 같은 조 제5항, 제31조제3항, 제74조제1항 본문 · 단서, 같은 조 제2항 및 제93조"를 "「항만법」 제10조제5항, 제25조제3항, 제41조제1항 전단, 제42조제1항 단서, 같은 조 제2항, 제43조제4항, 제83조제3항, 제86조제1항 본문 · 단서, 같은 조 제2항, 제87조제7항 및 제105조"로 한다.

㊸ 주한미군 공여구역주변지역 등 지원 특별법 일부를 다음과 같이 개정한다.

제29조제1항제22호를 다음과 같이 한다.

22. 「항만법」 제9조제2항에 따른 항만개발사업 시행의 허가 및 같은 법 제10조제2항에 따른 항만개발사업실시계획의 승인

㊹ 중소기업진흥에 관한 법률 일부를 다음과 같이 개정한다.

제81조제1항제5호를 다음과 같이 한다.

5. 「항만법」 제9조제2항에 따른 항만개발사업 시행의 허가 및 같은 법 제10조제2항에 따른 항만개발사업실시계획의 승인

㊺ 지방소도읍 육성 지원법 일부를 다음과 같이 개정한다.

제9조제1항제16호를 다음과 같이 한다.

16. 「항만법」 제9조제2항에 따른 항만개발사업 시행의 허가 및 같은 법 제10조제2항에 따른 항만개발사업실시계획의 승인

㊻ 지역 개발 및 지원에 관한 법률 일부를 다음과 같이 개정한다.

별표 제47호를 다음과 같이 한다.

47. 「항만법」 제9조제2항에 따른 항만개발사업 시행의 허가 및 같은 법 제10조제2항에 따른 항만개발사업실시계획의 승인

㊼ 청소년활동 진흥법 일부를 다음과 같이 개정한다.

제52조제1항제7호를 다음과 같이 한다.

7. 「항만법」 제9조제2항에 따른 항만개발사업 시행의 허가

㊽ 토지이용규제 기본법 일부를 다음과 같이 개정한다.

별표 제219호 근거 법률란 중 "「항만법」 제42조"를 "「항만법」 제45조"로 한다.

㊾ 폐기물처리시설 설치촉진 및 주변지역지원 등에 관한 법률 일부를 다음과 같이 개정한다.

제12조제1항제7호를 다음과 같이 한다.

7. 「항만법」 제9조제2항에 따른 항만개발사업 시행의 허가 및 같은 법 제10조제2항에 따른 항만개발사업실시계획의 승인

㊿ 항만공사법 일부를 다음과 같이 개정한다.

제6조제1항 전단 중 “「항만법」 제16조”를 “「항만법」 제24조”로 한다.

제8조제1항제2호를 다음과 같이 한다.

2. 「항만법」 제2조제11호에 따른 항만배후단지개발사업

제31조 전단 중 “「항만법」 제74조”를 “「항만법」 제86조”로 한다.

〈51〉 항만운송사업법 일부를 다음과 같이 개정한다.

제2조제6항 각 호 외의 부분 본문 중 “「항만법」 제30조제1항 본문”을 “「항만법」 제41조제1항제1호”로 한다.

제29조의2 중 “「항만법」 제89조”를 “「항만법」 제26조”로 한다.

〈52〉 해양경비법 일부를 다음과 같이 개정한다.

제20조제2항 중 “「항만법」 제9조제1항에 따른 항만시설의 신설·개축(改築)·유지·보수 및 준설 등에 관한 공사를”을 “「항만법」 제2조제6호에 따른 항만개발사업을”로 한다.

〈53〉 해양산업클러스터의 지정 및 육성 등에 관한 특별법 일부를 다음과 같이 개정한다.

제24조제1항 중 “「항만법」 제9조부터 제19조까지”를 “「항만법」 제9조부터 제15조까지, 제24조 및 제25조”로 한다.

제29조제1항제16호를 다음과 같이 한다.

16. 「항만법」 제9조제2항에 따른 항만개발사업 시행의 허가 및 같은 법 제10조제2항에 따른 항만개발사업실시계획의 승인

〈54〉 해운법 일부를 다음과 같이 개정한다.

제54조 중 “「항만법」 제89조”를 “「항만법」 제26조”로 한다.

〈55〉 혁신도시 조성 및 발전에 관한 특별법 일부를 다음과 같이 개정한다.

제14조제1항제7호를 다음과 같이 한다.

7. 「항만법」 제9조제2항에 따른 항만개발사업 시행의 허가 및 같은 법 제10조제2항에 따른 항만개발사업실시계획의 승인

〈56〉 화물자동차 운수사업법 일부를 다음과 개정한다.

제46조의4제1항제30호를 다음과 같이 한다.

30. 「항만법」 제9조제2항에 따른 항만개발사업 시행의 허가 및 같은 법 제10조제2항에 따른 항만개발사업실시계획의 승인

제20조(다른 법령과의 관계) 이 법 시행 당시 다른 법령에서 종전의 「항만법」 또는 그 규정을 인용한 경우에 이 법 가운데 그에 해당하는 규정이 있는 때에는 종전의 규정을 갈음하여 이 법 또는 이 법의 해당 규정을 인용한 것으로 본다.

부칙 〈제17007호, 2020. 2. 18.〉 (중앙행정권한 및 사무 등의 지방 일괄 이양을 위한 물가안정에 관한 법률 등 46개 법률 일부개정을 위한 법률)

제1조(시행일) 이 법은 2021년 1월 1일부터 시행한다. 〈단서 생략〉

제2조(사무이양을 위한 사전조치) ① 관계 중앙행정기관의 장은 이 법에 따른 중앙행정권한 및 사무의 지방 일괄 이양에 필요한 인력 및 재정 소요 사항을 지원하기 위하여 필요한 조치를 마련하여 이 법에 따른 시행일 3개월 전까지 국회 소관 상임위원회에 보고하여야 한다.

② 「지방자치분권 및 지방행정체제개편에 관한 특별법」 제44조에 따른 자치분권위원회는 제1항에 따른 인력 및 재정 소요 사항을 사전에 전문적으로 조사·평가할 수 있다.

제3조(행정처분 등에 관한 일반적 경과조치) 이 법 시행 당시 종전의 규정에 따라 행정기관이 행한 처분 또는 그 밖의 행위는 이 법의 규정에 따라 행정기관이 행한 처분 또는 그 밖의 행위로 보고, 종전의 규정에 따라 행정기관에 대하여 행한 신청·신고, 그 밖의 행위는 이 법의 규정에 따라 행정기관에 대하여 행한 신청·신고, 그 밖의 행위로 본다.

제4조 생략

부칙 〈제17171호, 2020. 3. 31.〉 (전기안전관리법)

제1조(시행일) 이 법은 공포 후 1년이 경과한 날부터 시행한다. 〈단

서 생략〉
제2조 부터 제5조까지 생략
제6조(다른 법률의 개정) ①부터 〈54〉까지 생략
〈55〉 항만법 일부를 다음과 같이 개정한다.
제27조제1항제1호 중 "「전기사업법」 제65조"를 "「전기안전관리법」 제11조"로 한다.
제85조제1항제23호 중 "「전기사업법」 제62조"를 "「전기안전관리법」 제8조"로 한다.
〈56〉부터 〈60〉까지 생략
제7조 생략

부칙 〈제17620호, 2020. 12. 8.〉
이 법은 공포 후 6개월이 경과한 날부터 시행한다.

부칙 〈제18522호, 2021. 11. 30.〉 (소방시설 설치 및 관리에 관한 법률)
제1조(시행일) 이 법은 공포 후 1년이 경과한 날부터 시행한다. 〈단서 생략〉
제2조 부터 제13조까지 생략
제14조(다른 법률의 개정) ①부터 〈53〉까지 생략
〈54〉 항만법 일부를 다음과 같이 개정한다.
제98조제1항제27호 중 "「화재예방, 소방시설 설치·유지 및 안전관리에 관한 법률」 제7조"를 "「소방시설 설치 및 관리에 관한 법률」 제6조"로 한다.
제15조 생략

부칙 〈제18701호, 2022. 1. 4.〉
이 법은 공포 후 6개월이 경과한 날부터 시행한다. 다만, 제2조의 개정규정은 공포한 날부터 시행한다.

부칙 〈제18755호, 2022. 1. 11.〉 (수산업법)

제1조(시행일) 이 법은 공포 후 1년이 경과한 날부터 시행한다. 〈단서 생략〉

제2조 부터 제38조까지 생략

제39조(다른 법령의 개정) ①부터 ㉕까지 생략

㉖ 항만법 일부를 다음과 같이 개정한다.

제89조제1항 및 제93조제6항 중 "「수산업법」 제8조"를 "「수산업법」 제7조"로 하고, "같은 법 제41조"를 각각 "같은 법 제40조"로 하며, 제89조제1항 및 제93조제6항 중 "같은 법 제47조"를 각각 "같은 법 제48조"로 한다.

㉗부터 ㉟까지 생략

제40조 생략

부칙 〈제19117호, 2022. 12. 27.〉 (산림자원의 조성 및 관리에 관한 법률)

제1조(시행일) 이 법은 공포 후 6개월이 경과한 날부터 시행한다.

제2조 생략

제3조(다른 법률의 개정) ①부터 〈92〉까지 생략

〈93〉 항만법 일부를 다음과 같이 개정한다.

제98조제1항제12호 중 "「산림자원의 조성 및 관리에 관한 법률」 제36조제1항 · 제4항"을 "「산림자원의 조성 및 관리에 관한 법률」 제36조제1항 · 제5항"으로 한다.

〈94〉부터 〈98〉까지 생략

부칙 〈제19140호, 2022. 12. 27.〉

제1조(시행일) 이 법은 공포 후 6개월이 경과한 날부터 시행한다.

제2조(임대료 징수에 관한 적용례) 제18조제2항의 개정규정은 이 법 시행 이후 임대계약을 체결하거나 갱신하는 경우부터 적용한다.

부칙 〈제19415호, 2023. 5. 16.〉 (행정법제 혁신을 위한 갯벌 및 그 주변지역의 지속가능한 관리와 복원에 관한 법률 등 18개 법률의 일부개정에 관한 법률)

제1조(시행일) 이 법은 공포한 날부터 시행한다. 〈단서 생략〉

제2조(이의신청에 관한 일반적 적용례) 이의신청에 관한 개정규정은 이 법 시행 이후 하는 처분부터 적용한다.

제3조 부터 제9조까지 생략

부칙 〈제19778호, 2023. 10. 24.〉

제1조(시행일) 이 법은 공포 후 6개월이 경과한 날부터 시행한다.

제2조(국유재산의 사용허가기간 또는 대부기간 확대에 관한 적용례) 제57조제1항의 개정규정은 이 법 시행 전에 사용허가 또는 대부한 국유재산에 대하여도 적용한다.

해사안전기본법 시행령

[시행 2025. 3. 11.] [대통령령 제35378호, 2025. 3. 11., 일부개정]

**개정 예정 법률 밑줄 별도 표시.

항만법 시행령

[시행 2025. 3. 11.] [대통령령 제35378호, 2025. 3. 11., 일부개정]

제1장 총칙

제1조(목적) 이 영은 「항만법」에서 위임된 사항과 그 시행에 필요한 사항을 규정함을 목적으로 한다.

제2조(2종 항만배후단지에 설치할 수 있는 시설) 「항만법」(이하 "법"이라 한다) 제2조제11호 및 제45조제2호에서 "일반업무시설·판매시설·주거시설 등 대통령령으로 정하는 시설"이란 다음 각 호의 시설을 말한다. 〈개정 2023. 6. 7., 2025. 3. 11.〉

1. 일반업무시설
2. 판매시설
3. 주거시설 및 숙박시설
4. 정보처리시설
5. 근린생활시설
6. 의료시설, 교육연구시설, 문화시설, 복지시설, 운동시설, 관광휴게시설 및 위락시설
7. 그 밖에 해양수산부장관이 항만 등의 기능 제고와 항만 이용자의 편익 증진에 필요하다고 인정하여 고시하는 시설

제3조(항만의 명칭 등) ① 법 제3조제1항에 따른 항만의 구분·명칭·위치 및 구역은 별표 1과 같다.

② 법 제3조제2항에 따른 국가관리무역항과 지방관리무역항은 별표 2와 같다.

③ 법 제3조제3항에 따른 국가관리연안항과 지방관리연안항은 별

표 3과 같다.

제4조(중앙항만정책심의회의 구성 및 운영) ① 법 제4조제1항에 따른 중앙항만정책심의회(이하 “중앙심의회”라 한다)는 위원장 1명을 포함한 70명 이내의 위원으로 구성한다. 〈개정 2024. 4. 30.〉

② 중앙심의회의 위원장은 해양수산부차관으로 하고, 위원은 다음 각 호의 사람으로 한다. 〈개정 2020. 12. 29., 2024. 4. 30.〉

1. 기획재정부, 행정안전부, 문화체육관광부, 농림축산식품부, 산업통상자원부, 환경부, 국토교통부, 해양수산부, 관세청 및 소방청의 고위공무원단에 속하는 공무원 또는 3급 공무원 중에서 해당 기관의 장이 지명하는 공무원 각 1명

2. 해양수산부장관이 심의 안건과 관련하여 필요하다고 인정하는 특별시·광역시·도 또는 특별자치도(이하 “시·도”라 한다)의 국장급 공무원 중에서 특별시장·광역시장·도지사 또는 특별자치도지사(이하 “시·도지사”라 한다)가 지명하는 공무원 각 1명

3. 항만의 개발·운영, 도시·군계획, 건축·경관, 환경, 해양레저, 항만시설의 기술기준에 관한 학식과 경험이 풍부한 사람과 항만 이용자를 대표하는 사람 중에서 해양수산부장관이 성별을 고려해 위촉하는 사람

③ 제2항제3호에 따라 위촉된 위원의 임기는 2년으로 한다.

④ 중앙심의회의 위원장은 중앙심의회 또는 법 제4조제2항에 따른 분과심의회(이하 “분과심의회”라 한다)의 회의를 소집하고, 그 의장이 된다. 다만, 제7조제1항제4호 및 제5호에 따른 항만시설기술기준분과심의회와 신항만건설분과심의회의 경우에는 심의의 전문성을 확보하기 위해 중앙심의회의 위원장이 분과심의회의 의장을 별도로 지명할 수 있다. 〈개정 2024. 4. 30.〉

⑤ 중앙심의회 또는 분과심의회의 회의는 재적위원 과반수의 출석으로 개의(開議)하고, 출석위원 과반수의 찬성으로 의결한다.

⑥ 중앙심의회의 위원장 또는 분과심의회의 의장은 그 소관 사항의 심의에 필요한 경우에는 해당 안건과 관련된 지방자치단체의 장

이 지명하는 사람을 출석시켜 발언하게 할 수 있다.

제5조(위원의 제척ㆍ기피ㆍ회피) ① 중앙심의회 위원(이하 이 조 및 제6조에서 "위원"이라 한다)이 다음 각 호의 어느 하나에 해당하는 경우에는 중앙심의회의 심의ㆍ의결에서 제척(除斥)된다.

1. 위원 또는 그 배우자나 배우자였던 사람이 해당 안건의 당사자(당사자가 법인ㆍ단체 등인 경우에는 그 임원을 포함한다. 이하 이 호 및 제2호에서 같다)가 되거나 그 안건의 당사자와 공동권리자 또는 공동의무자인 경우

2. 위원이 해당 안건의 당사자와 친족이거나 친족이었던 경우

3. 위원이 해당 안건에 대해 자문, 연구, 용역(하도급을 포함한다), 감정 또는 조사를 한 경우

4. 위원이나 위원이 속한 법인ㆍ단체 등이 해당 안건의 당사자의 대리인이거나 대리인이었던 경우

5. 위원이 임원 또는 직원으로 재직하고 있거나 최근 3년 내에 재직했던 기업 등이 해당 안건에 관해 자문, 연구, 용역(하도급을 포함한다), 감정 또는 조사를 한 경우

② 해당 안건의 당사자는 위원에게 공정한 심의ㆍ의결을 기대하기 어려운 사정이 있을 때에는 중앙심의회에 기피 신청을 할 수 있고, 중앙심의회는 의결로 기피 여부를 결정한다. 이 경우 기피 신청의 대상인 위원은 그 의결에 참여하지 못한다.

③ 위원이 제1항 각 호에 따른 제척 사유에 해당하는 경우에는 스스로 해당 안건의 심의ㆍ의결에서 회피(回避)해야 한다.

제6조(위원의 지명 철회 등) ① 제4조제2항제1호 또는 제2호에 따라 위원을 지명한 사람은 위원이 다음 각 호의 어느 하나에 해당하는 경우에는 그 지명을 철회할 수 있다. 〈개정 2024. 4. 30.〉

1. 심신쇠약 등으로 장기간 직무를 수행할 수 없게 된 경우

2. 직무와 관련된 비위사실이 있는 경우

3. 직무태만, 품위손상이나 그 밖의 사유로 위원으로 적합하지 않다고 인정되는 경우

4. 제5조제1항 각 호의 어느 하나에 해당함에도 불구하고 회피하지 않은 경우

5. 위원 스스로 직무를 수행하는 것이 곤란하다고 의사를 밝히는 경우

② 해양수산부장관은 제4조제2항제3호에 따라 위촉된 위원이 제1항 각 호의 어느 하나에 해당하는 경우에는 해당 위원을 해촉(解囑)할 수 있다.

제7조(분과심의회의 구분 및 기능 등) ① 해양수산부장관은 법 제4조제2항에 따라 중앙심의회에 다음 각 호의 구분에 따른 분과심의회를 둔다. 〈개정 2024. 4. 30., 2025. 3. 11.〉

1. 항만분과심의회: 법 제4조제1항제1호부터 제3호까지, 제6호부터 제8호까지, 제9호(「항만 재개발 및 주변지역 발전에 관한 법률」, 「마리나항만의 조성 및 관리 등에 관한 법률」 및 「신항만건설 촉진법」에서 중앙심의회의 심의사항으로 정하고 있는 사항은 제외한다) 및 제10호(항만의 개발 및 관리·운영에 관한 사항으로 한정한다)의 사항 심의

2. 항만재개발분과심의회: 「항만 재개발 및 주변지역 발전에 관한 법률」에서 중앙심의회의 심의사항으로 정하고 있는 사항 및 법 제4조제1항제10호(항만재개발에 관한 사항으로 한정한다)의 사항 심의

3. 마리나분과심의회: 「마리나항만의 조성 및 관리 등에 관한 법률」에서 중앙심의회의 심의사항으로 정하고 있는 사항 및 법 제4조제1항제10호(마리나항만에 관한 사항으로 한정한다)의 사항 심의

4. 항만시설기술기준분과심의회: 법 제4조제1항제4호, 제5호 및 제10호(항만시설기술기준에 관한 사항으로 한정한다)의 사항 심의

5. 신항만건설분과심의회: 「신항만건설 촉진법」에서 중앙심의회의 심의사항으로 정하고 있는 사항 및 법 제4조제1항제10호(신항만건설에 관한 사항으로 한정한다)의 사항 심의

② 제4조부터 제6조까지의 규정 및 이 조 제1항에서 규정한 사항 외에 중앙심의회 및 분과심의회의 구성 및 운영에 필요한 사항은

해양수산부장관이 정한다.

제8조(지방항만심의회의 구성 등) ① 법 제4조제3항에 따른 지방항만심의회(이하 "지방심의회"라 한다)는 위원장 1명을 포함한 15명 이내의 위원으로 구성한다.

② 지방해양수산청장 소속 지방심의회의 위원장은 지방해양수산청장으로 하고, 시·도지사 소속 지방심의회의 위원장은 시·도지사가 지명하는 부시장·부지사로 하며, 각 지방심의회의 위원은 다음 각 호의 사람으로 한다.

1. 해당 지역에 소재하는 항만의 운영과 관련된 행정기관의 장이 소속 공무원 중에서 지명하는 사람

2. 관할 시·도지사가 소속 공무원 중에서 지명하는 사람

3. 항만의 개발 및 운영에 관한 학식과 경험이 풍부한 사람 중에서 지방해양수산청장 또는 시·도지사가 성별을 고려해 위촉하는 사람

③ 제2항제3호에 따라 위촉된 위원의 임기는 2년으로 한다.

④ 지방심의회의 위원장은 지방심의회의 회의를 소집하고, 그 의장이 된다.

⑤ 지방심의회의 회의는 재적위원 과반수의 출석으로 개의(開議)하고, 출석위원 과반수의 찬성으로 의결한다.

⑥ 지방심의회의 위원장은 그 소관 사항의 심의에 필요한 경우에는 해당 안건과 관련된 지방자치단체의 장이 지명하는 사람을 출석시켜 발언하게 할 수 있다.

⑦ 지방심의회 위원의 제척·기피·회피 및 지명 철회 등에 관해서는 제5조 및 제6조를 준용한다. 이 경우 "중앙심의회"는 "지방심의회"로, "제4조제2항제1호 또는 제2호"는 "제8조제2항제1호 또는 제2호"로, "제4조제2항제3호"는 "제8조제2항제3호"로 본다.

제9조(지방심의회의 기능) 지방심의회는 다음 각 호의 사항을 심의한다.

1. 중앙심의회의 심의사항 중 위임된 사항

2. 관할 항만의 개발·재개발 및 관리·운영에 관한 사항

제10조(수당 등의 지급) 중앙심의회, 분과심의회 및 지방심의회의 회의에 출석하거나 안건을 검토한 위원에게는 예산의 범위에서 수당과 여비를 지급할 수 있다. 다만, 공무원인 위원이 그 소관 업무와 관련하여 출석하거나 안건을 검토한 경우에는 그렇지 않다.

제2장 항만기본계획

제11조(전담기관의 지정 등) ① 해양수산부장관은 법 제5조제6항에 따라 「정부출연연구기관 등의 설립·운영 및 육성에 관한 법률」에 따라 설립된 한국해양수산개발원을 전담기관으로 지정한다.

② 제1항에 따른 전담기관은 다음 각 호의 업무를 수행한다.

1. 국내외 항만물동량 현황조사 및 변동요인 분석

2. 중장기 및 연도별 항만물동량 예측

3. 그 밖에 법 제5조제1항에 따른 항만기본계획(이하 "항만기본계획"이라 한다) 및 같은 조 제3항에 따른 시행계획의 합리적인 수립 및 변경을 위해 필요한 항만개발의 수요 및 적정성 등에 관한 조사·연구

제12조(항만기본계획의 경미한 변경) 법 제7조제3항 단서에서 "대통령령으로 정하는 경미한 사항을 변경하는 경우"란 다음 각 호의 어느 하나에 해당하는 변경을 하는 경우를 말한다. 〈개정 2024. 1. 16.〉

1. 항만시설별 항만개발사업 규모 또는 면적의 100분의 10 이내의 변경

2. 다음 각 목의 어느 하나에 해당하는 계획에 포함된 항만개발에 관한 사항을 그대로 반영하기 위한 항만기본계획의 변경

가. 「항만 재개발 및 주변지역 발전에 관한 법률」 제5조제1항에 따른 항만재개발기본계획

나. 「신항만건설 촉진법」 제3조제1항에 따른 신항만건설기본계획

다. 「공유수면 관리 및 매립에 관한 법률」 제22조제1항에 따른 공유수면매립 기본계획

라. 「산업입지 및 개발에 관한 법률」 제6조제3항, 제7조제2항

및 제7조의2제3항에 따른 산업단지개발계획

마. 「마리나항만의 조성 및 관리 등에 관한 법률」 제4조제1항에 따른 마리나항만에 관한 기본계획

3. 다음 각 목의 어느 하나에 포함된 항만개발에 관한 사항을 그대로 반영하기 위한 항만기본계획의 변경

가. 「국가재정법」 제50조제2항 및 제3항에 따른 타당성재조사 결과

나. 「환경영향평가법」 제29조제1항에 따른 협의 내용

다. 「해상교통안전법」 제13조제5항에 따른 검토의견

4. 다음 각 목의 어느 하나에 해당하는 변경

가. 공유수면 매립면적이 증가하지 않는 항만시설의 위치 변경

나. 항만시설 규모의 변경이 없는 항만시설 명칭의 변경

다. 계류시설 규모의 변경이 없는 계류시설 접안 능력의 증대

라. 돌핀(선박을 매어두거나 접안시키는 말뚝 등을 말한다. 이하 같다)의 법선(法線: 계류시설에서 선박이 접안하는 면의 상부 끝단을 연장한 선) 범위 내에서의 해당 돌핀의 시설 변경

마. 가목부터 라목까지의 규정에 준하는 경미한 사항의 변경

제3장 항만의 개발

제13조(항만개발사업의 시행허가 신청 등) ① 법 제9조제2항 각 호 외의 부분 본문 또는 같은 조 제6항에 따라 항만개발사업의 시행·변경 허가(항만시설의 유지·보수에 관한 항만개발사업의 시행·변경 허가는 제외한다)를 받으려는 자는 해양수산부령으로 정하는 허가신청서에 다음 각 호의 사항을 적어 관리청에 제출해야 한다. 〈개정 2020. 12. 29.〉

1. 신청인의 성명 또는 명칭 및 주소
2. 항만명 및 항만개발사업의 종류
3. 항만개발사업의 목적
4. 항만개발사업의 장소·규모·기간 및 방법

② 제1항의 허가신청서에는 다음 각 호의 서류 및 도면을 첨부해야 한다. 다만, 변경허가를 신청하는 경우에는 변경된 사항에 해당하는 서류 및 도면만 첨부할 수 있다. 〈개정 2022. 7. 4.〉

1. 항만개발사업의 시행에 관한 사업계획 및 해양수산부령으로 정하는 설계도서

2. 항만개발사업에 필요한 총사업비 및 그 산출명세

3. 항만개발사업에 사용되는 자금의 조달계획(법인의 경우에는 재무제표도 첨부해야 한다)

4. 축척 5천분의 1 이상의 지형도나 이에 준하는 일반평면도 또는 지적평면도와 인접지를 포함하는 계획평면도

5. 제14조제2항에 따른 타당성조사 결과(법 제9조제3항제5호에 해당하는 사업으로서 국가 또는 시·도에 귀속되지 않는 토지 또는 토지 형태의 항만시설을 조성하는 항만개발사업의 경우만 해당한다)

6. 법 제9조제8항에 따른 기준에 관한 서류로서 투자비 보전계획서 등 해양수산부령으로 정하는 서류(법 제9조제7항에 따라 공고한 항만개발사업의 경우로 한정한다)

③ 해양수산부장관은 제2항제3호에 따른 자금의 조달계획을 평가하기 위한 기준 및 방법을 정하여 고시한다.

④ 법 제9조제2항 각 호 외의 부분 본문 또는 같은 조 제6항에 따라 항만시설의 유지·보수에 관한 항만개발사업의 시행·변경 허가를 받으려는 자는 해양수산부령으로 정하는 다음 각 호의 사항을 적은 허가신청서에 평면도 등 해양수산부령으로 정하는 도면을 첨부하여 관리청에 제출해야 한다. 〈개정 2020. 12. 29.〉

1. 제1항제1호부터 제3호까지의 사항

2. 유지·보수에 관한 항만개발사업의 구간·규모 및 기간

3. 유지·보수에 관한 항만개발사업에 필요한 항만시설의 사용계획

제14조(화물의 제조시설 입지기준 등) ① 법 제9조제3항제4호에서 "오염배출 정도 등 대통령령으로 정하는 입지기준"이란 「산업집적활

성화 및 공장설립에 관한 법률」 제8조에 따라 산업통상자원부장관이 정하여 고시하는 공장입지의 기준을 말한다.

② 법 제9조제3항제5호에 해당하는 항만개발사업에 대해서는 「정부출연연구기관 등의 설립·운영 및 육성에 관한 법률」에 따라 설립된 정부출연연구기관(이하 이 조에서 "연구기관"이라 한다)을 통해 타당성조사를 실시하고, 사업 추진의 타당성 여부를 미리 검토해야 한다.

③ 제2항에 따른 연구기관을 통해 타당성조사를 실시해야 하는 자와 그 실시 시기는 다음 각 호의 구분에 따른다. 〈개정 2022. 7. 4.〉

1. 국가 또는 시·도에 귀속되는 토지 및 항만시설에 관한 항만개발사업의 경우: 관리청이 법 제9조제7항에 따른 공고 전까지 실시

2. 국가 또는 시·도에 귀속되지 않는 토지 및 토지 형태의 항만시설에 관한 항만개발사업의 경우: 법 제9조제2항 각 호 외의 부분 본문 또는 같은 조 제6항에 따라 항만개발사업 시행 또는 변경(총사업비 500억원 미만에서 500억원 이상으로의 변경으로 한정한다)허가를 받으려는 자가 해당 허가 신청 전까지 실시

제15조(항만개발사업 변경허가의 대상) 법 제9조제6항 전단에서 "대통령령으로 정하는 내용"이란 다음 각 호의 사항을 말한다. 〈개정 2020. 12. 29., 2022. 7. 4.〉

1. 법 제9조제2항 각 호 외의 부분 본문에 따라 관리청의 허가를 받은 자의 성명 또는 명칭

2. 항만개발사업의 종류

3. 항만개발사업의 목적

4. 항만개발사업의 장소·규모·기간 및 방법

제16조(공고 대상 항만개발사업) 법 제9조제7항에서 "대통령령으로 정하는 일정 규모 이상의 항만개발사업"이란 법 제15조제1항 본문에 따라 국가 또는 시·도에 귀속되는 토지 및 항만시설을 개발하는 사업으로서 다음 각 호의 어느 하나에 해당하는 사업을 말한다. 〈개정 2020. 12. 29.〉

1. 개발사업비(제25조제1항제3호에 따른 개발사업비를 말한다. 이하 이 조에서 같다) 30억원 이상의 항만시설 신설·개축(보강을 포함한다) 사업

2. 개발사업비 30억원 이상의 준설(浚渫) 사업. 다만, 국가 또는 시·도가 투자비를 보전(補塡)하지 않는 준설사업은 제외한다.

3. 그 밖에 관리청이 공고할 필요가 있다고 인정하는 항만개발사업

제17조(항만개발사업실시계획의 공고 등) ① 법 제10조제1항에 따른 항만개발사업실시계획(이하 "항만개발사업실시계획"이라 한다)에는 다음 각 호의 사항이 포함되어야 한다.

1. 항만개발사업 시행자의 성명(법인의 경우에는 법인의 명칭 및 대표자의 성명) 및 주소

2. 제13조제1항제2호부터 제4호까지의 사항

3. 제1호 및 제2호에서 규정한 사항 외에 항만개발사업의 시행에 필요한 세부사항

② 법 제10조제1항에 따른 공고는 이 영 제17조제1항 각 호의 사항을 관보, 공보 또는 일간신문(「신문 등의 진흥에 관한 법률」 제9조제1항에 따라 전국을 보급지역으로 등록한 일반일간신문을 말한다. 이하 같다)에 게재하고, 인터넷 홈페이지 또는 항만개발사업 예정지역 안의 이해관계인이 보기 쉬운 장소에 게시하는 방법으로 한다.

③ 법 제10조제1항 본문 및 같은 조 제2항 단서에 따른 경미한 사항의 변경은 다음 각 호와 같다.

1. 제1항제1호에 해당하는 사항의 변경

2. 총사업비의 100분의 5 범위에서의 변경

3. 사업면적의 100분의 5 범위에서의 변경

4. 지형 또는 지질 사정으로 인한 항만시설 등의 위치 및 구조의 변경

5. 「국토의 계획 및 이용에 관한 법률」 제2조제4호에 따른 도시·군관리계획에서 결정된 내용을 반영하는 변경

6. 1년의 범위에서의 사업시행기간의 변경(사업시행기간을 여러

차례 변경한 경우에는 사업시행기간의 변경기간을 합산한 기간이 1년 이하인 경우를 말한다)

7. 단순한 착오·누락의 정정 또는 측량 착오 등에 따른 사업면적 등의 정정

제18조(항만개발사업실시계획의 승인 신청 등) ① 법 제9조제2항 각 호 외의 부분 본문에 따라 관리청의 허가를 받은 자(이하 "비관리청"이라 한다)가 법 제10조제2항에 따라 항만개발사업실시계획의 승인 또는 변경승인을 받으려는 경우에는 해양수산부령으로 정하는 승인신청서에 다음 각 호의 서류를 첨부하여 관리청에 제출해야 한다. 다만, 변경승인을 받으려는 경우에는 변경된 사항에 해당하는 서류만 첨부할 수 있다. 〈개정 2020. 12. 29., 2024. 5. 7., 2025. 2. 13.〉

1. 축척 5천분의 1 이상의 위치도 및 허가구역을 표시한 실측지적평면도

2. 항만개발사업실시설계도서

3. 자금계획서(연도별 자금투자계획 및 재원조달계획을 포함한다)

4. 「환경영향평가법」 제27조에 따른 환경영향평가서, 같은 법 제29조에 따라 통보된 협의 내용 및 이에 따른 조치 계획(같은 법 시행령 제31조제2항 및 별표 3에 따른 환경영향평가 대상사업의 범위에 포함되는 경우로 한정한다)

5. 「도시교통정비 촉진법」 제16조에 따른 교통영향평가서, 같은 법 제17조에 따른 교통영향평가서의 심의 결과 및 이행 계획서(같은 법 시행령 제13조의2제3항 및 별표 1에 따른 교통영향평가 대상사업의 범위에 포함되는 경우로 한정한다)

6. 「자연재해대책법」 제4조에 따른 재해영향평가등의 협의에 필요한 서류(같은 법 시행령 제6조 및 별표 1에 따른 재해영향평가등의 협의 대상사업에 포함되는 경우로 한정한다)

7. 「국가유산영향진단법」 제11조제1항에 따른 진단보고서 및 같은 법 제13조제2항에 따른 필요한 조치의 이행 결과(같은 법 제9조

제1항에 따른 영향진단의 대상 사업으로 한정한다)

8. 항만개발사업으로 조성되는 토지(법 제45조에 따라 항만배후단지로 지정된 토지로 한정한다)의 사용·수익·관리 및 처분에 관한 계획서(항만개발사업의 목적을 달성하기 위해 필요한 토지에 대한 법 제16조에 따른 매도청구에 관한 계획서를 포함한다)

② 관리청은 필요하다고 인정할 때에는 항만개발사업의 단계별로 실시계획을 승인할 수 있다. 이 경우 단계별 실시계획의 승인 신청은 전 단계 사업의 준공일 전에 해야 한다. 〈개정 2020. 12. 29.〉

③ 관리청은 제16조제1호 및 제2호에 따른 공고 대상인 항만개발사업과 제24조제1항 및 제5항에 따른 토지 및 토지의 형태로 조성된 항만시설을 위한 항만개발사업에 대해서는 제1항제2호에 따른 항만개발사업실시설계도서(이하 "항만개발사업실시설계도서"라 한다)가 적정한지에 대해 전문기관에 검토를 의뢰해야 한다. 승인한 사항을 변경승인하는 경우로서 관리청이 정하는 경우에도 또한 같다. 〈개정 2020. 12. 29.〉

④ 제1항에도 불구하고 비관리청은 다음 각 호의 어느 하나에 해당하는 항만개발사업의 경우에는 제13조제1항 또는 제4항에 따른 시행허가의 신청을 할 때에 항만개발사업실시설계도서를 첨부하여 항만개발사업실시계획의 승인을 함께 신청할 수 있다. 〈개정 2020. 12. 29.〉

1. 야적장의 포장(鋪裝)

2. 창고·헛간 및 위판장(委販場)의 설치(증축·개축 및 유지·보수를 포함한다. 이하 이 조에서 같다)

3. 하역장비시설, 화물 이송시설, 배관시설 및 무게 측정시설의 설치

4. 선가대(船架臺: 선박을 땅 위로 끌어 올려놓을 수 있는 구조물 및 설비) 및 얼음 생산·공급시설의 설치

5. 항로·정박지 등 수역시설의 준설(「환경영향평가법 시행령」 제31조제2항 및 별표 3에 따른 환경영향평가 대상사업의 범위에 포함

되는 경우는 제외한다)

6. 지원시설(법 제15조제1항 단서에 따라 국가 또는 시·도에 귀속되지 않는 항만시설 및 토지에 설치하는 지원시설을 말하며, 화물의 제조시설은 제외한다)의 설치

7. 제1호부터 제6호까지에서 규정한 항만개발사업 외에 관리청이 인정하는 경미한 시설의 설치

제19조(항만개발사업실시계획의 신고) ① 법 제10조제5항에서 "대통령령으로 정하는 항만시설"이란 제24조제4항 각 호에 따른 항만시설에서 다음 각 호의 시설을 제외한 항만시설을 말한다.

1. 법 제2조제5호가목4)에 따른 계류시설

2. 법 제2조제5호나목4)에 따른 화물의 유통시설과 판매시설

3. 법 제2조제5호다목3)에 따른 화물의 조립·가공·포장·제조 등을 위한 시설

② 비관리청은 법 제10조제5항에 따라 항만개발사업실시계획의 수립을 신고하려는 경우에는 해양수산부령으로 정하는 신고서에 제18조제1항제1호 및 제2호의 서류를 첨부하여 관리청에 제출해야 한다. 다만, 비관리청은 법 제10조제5항에 따른 신고 대상 사업으로서 제18조제4항 각 호의 어느 하나에 해당하는 항만개발사업을 하려는 경우에는 제13조제1항 또는 제4항에 따라 시행허가의 신청을 할 때에 항만개발사업실시설계도서를 첨부하여 항만개발사업실시계획을 함께 신고할 수 있다. 〈개정 2020. 12. 29.〉

제20조(항만개발사업실시계획의 승인 신청 또는 신고 기한의 연장) 법 제10조제6항 단서에서 "대통령령으로 정하는 사유"란 다음 각 호의 어느 하나에 해당하는 사유를 말한다. 〈개정 2020. 12. 29.〉

1. 항만개발사업 여건의 변경 등 비관리청의 귀책사유 없이 항만개발사업실시계획의 수립이 곤란하게 된 경우

2. 그 밖에 승인 신청 또는 신고의 기한을 연장해야 할 부득이한 사유가 있다고 관리청이 인정하는 경우

제21조(준공 공고) 관리청은 항만개발사업을 시행하여 완료한 경우

에는 법 제12조제1항에 따라 다음 각 호의 사항을 관보 또는 공보에 게재하거나 해양수산부 또는 시·도의 인터넷 홈페이지에 공고해야 한다. 〈개정 2020. 12. 29., 2025. 2. 7.〉

1. 항만개발사업 시행자의 성명 또는 명칭
2. 항만명 및 항만개발사업의 종류
3. 항만개발사업의 목적·장소·규모·기간 및 방법
4. 항만개발사업으로 조성된 매립지의 지목 및 면적[시장·군수·구청장(자치구의 구청장을 말한다. 이하 같다), 「공간정보의 구축 및 관리 등에 관한 법률」 제44조제2항에 따라 측량업의 등록을 한 자 또는 「한국국토정보공사법」에 따른 한국국토정보공사가 발행하는 지적측량성과도에 기재된 면적을 말한다]
5. 항만개발사업 완료일

제22조(준공검사) 법 제12조제3항에 따른 준공검사는 관리청이 현장 확인 등의 방법으로 실시한다. 다만, 다음 각 호의 구분에 따른 서류를 확인할 수 있는 경우에는 그 서류의 확인으로 준공검사를 갈음할 수 있다. 〈개정 2020. 12. 29., 2021. 2. 9., 2021. 9. 14.〉

1. 「건설기술 진흥법 시행령」 제55조제1항제2호에 따른 감독 권한대행 등 건설사업관리 대상인 항만개발사업의 경우: 건설엔지니어링사업자의 건설사업관리조서 및 준공검사조서
2. 준설공사의 경우: 「해양조사와 해양정보 활용에 관한 법률」 제21조에 따른 해양정보 사본
3. 법 제15조제1항 단서에 따라 국가 또는 시·도에 귀속되지 않는 항만시설의 건축공사의 경우: 「건축법」 제22조제2항에 따라 허가권자가 발급하는 사용승인서

제23조(항만공사의 대행) ① 법 제14조제1항 전단에서 "군함, 경찰용 선박 및 그 밖에 국가가 소유하거나 운영하는 선박이 이용하는 항만시설에 관한 항만개발사업 등 대통령령으로 정하는 항만개발사업"이란 군함, 경찰용 선박 및 그 밖에 국가가 소유하거나 운영하는

선박이 이용하는 항만시설에 관한 항만개발사업을 말한다.

② 관리청은 법 제14조제2항에 따라 비관리청이 시행할 항만개발사업을 대행하려는 경우에는 미리 해당 비관리청과 다음 각 호의 사항을 협의해야 한다.

1. 항만개발사업의 종류·규모 및 금액
2. 항만개발사업의 기간(착공 및 준공의 예정일과 주요 공정을 포함한다)
3. 항만개발사업에 필요한 비용의 지급 방법과 자금의 관리에 관한 사항

[전문개정 2025. 3. 11.]

제24조(국가 등에 귀속되지 않는 토지 및 항만시설) ① 법 제15조제1항 단서에 따라 국가 또는 시·도에 귀속되지 않는 토지는 다음 각 호의 요건을 모두 갖춘 토지로 한다. 〈개정 2020. 12. 29.〉

1. 별표 4에 따른 국가 또는 시·도에 귀속되는 토지의 범위에 해당하지 않을 것
2. 해당 토지의 가액(價額)이 제25조에 따른 총사업비의 범위 이내일 것. 이 경우 총사업비는 해당 토지의 조성공사에 사용된 금액으로 산정한다.

② 제1항제2호에 따른 토지의 가액은 비관리청이 시행한 해당 항만개발사업의 준공확인 신청일을 기준으로 해양수산부령으로 정하는 바에 따라 관리청이 지정한 둘 이상의 감정평가법인등(「감정평가 및 감정평가사에 관한 법률」 제2조제4호에 따른 감정평가법인등을 말한다. 이하 같다)이 감정한 평가액의 산술평균치로 한다. 〈개정 2020. 12. 29.〉

③ 관리청은 제2항에 따른 감정평가법인등의 평가액이 다음 각 호의 어느 하나에 해당할 때에는 다른 둘 이상의 감정평가법인등에게 다시 해당 토지의 가액을 평가하게 할 수 있다. 이 경우 토지의 가액은 감정평가법인등이 다시 감정한 평가액의 산술평균치로 한다. 〈개정 2020. 12. 29.〉

1. 평가액이 관계 법령을 위반하여 평가된 경우

2. 감정평가법인등이 불공정한 감정평가를 하는 등 감정평가법인등의 평가액을 적정한 것으로 인정할 수 없는 특별한 사유가 있는 경우

3. 평가액 중 최고평가액이 최저평가액의 130퍼센트를 초과하는 경우

④ 법 제15조제1항 단서에 따라 국가 또는 시·도에 귀속되지 않는 항만시설은 다음 각 호와 같다. 〈개정 2020. 12. 29., 2022. 7. 4., 2025. 3. 11.〉

1. 하역시설(고정식 하역장비의 운영에 필요한 레일시설은 제외한다) 및 무게 측정시설

2. 사일로(국가 또는 시·도가 소유하는 사일로를 비관리청이 증축하는 경우는 제외한다), 저유시설(貯油施設) 및 가스저장시설

3. 비관리청이 전용(專用)할 목적으로 설치한 다음 각 목의 시설 중 해양수산부령으로 정하는 시설. 이 경우 비관리청의 자회사(「상법」 제342조의2제1항에 따른 자회사를 말한다) 또는 계열회사(「독점규제 및 공정거래에 관한 법률」에 따른 계열회사를 말한다)가 해양수산부령으로 정하는 시설을 설치 및 사용하기 위해 전단에 따라 비관리청에 귀속된 시설을 임차하여 사용하는 경우에는 비관리청이 그 시설을 전용하는 것으로 본다.

가. 계류시설 및 항행 보조시설

나. 화물의 유통시설·판매시설 및 위판장시설(제4호에 따른 시설에 해당하는 위판장은 제외한다)

다. 선박보급시설 및 항만의 관제(管制)·정보통신·홍보·보안시설

4. 법 제21조제3호에 따른 어항구에 설치된 「어촌·어항법 시행령」제26조 각 호에 따른 시설

5. 공해방지시설

6. 지원시설. 다만, 항만 관련 업무용 시설 중 관리청(제93조에

따라 법 제9조제1항에 따른 항만개발사업의 시행 권한을 위임받은 지방해양수산청장을 포함한다)이 조성한 공공서비스 업무용 시설은 제외한다.

7. 항만친수시설(港灣親水施設) 중 해양레저용 시설 및 해양 문화·교육 시설

7의2. 2종 항만배후단지에 설치하는 제2조 각 호의 시설

8. 그 밖에 비관리청의 전용 목적이 강하여 국가 또는 시·도에 귀속시킬 필요가 없다고 관리청이 인정하는 시설

⑤ 제4항에도 불구하고 같은 항 각 호에 따른 항만시설 중 토지의 형태로 조성된 항만시설에 대해서는 제1항(제1호의 요건은 제외한다), 제2항 및 제3항을 적용한다.

[제목개정 2020. 12. 29.]

제25조(총사업비의 범위) ① 법 제15조제3항에 따른 총사업비는 해당 항만개발사업의 준공확인 신청일을 기준으로 해당 항만개발사업과 관련하여 실제 사용된 다음 각 호의 비용을 합산한 금액으로 한다. 〈개정 2020. 8. 26., 2021. 9. 14., 2022. 7. 4.〉

1. 조사비: 항만개발사업의 시행을 위한 측량비와 그 밖의 조사비로서 순공사비에 포함되지 않은 비용을 말하며, 「엔지니어링산업 진흥법」 제31조제2항에 따른 엔지니어링사업의 대가 산정기준에 따라 계산한다.

2. 설계비: 항만개발사업의 시행을 위한 설계에 드는 비용을 말하며, 「엔지니어링산업 진흥법」 제31조제2항에 따른 엔지니어링사업의 대가 산정기준에 따라 계산한다. 다만, 「건축법」 제2조제1항제2호에 따른 건축물의 설계에 드는 비용은 「건축사법」 제19조의3에 따른 업무에 대한 대가 기준에 따라 계산한다.

3. 개발사업비: 항만개발사업의 시행을 위한 재료비, 노무비, 경비, 일반관리비 및 이윤을 합한 금액을 말하며, 「국가를 당사자로 하는 계약에 관한 법률 시행령」 제9조에 따른 예정가격의 결정기준과 정부표준품셈 및 단가(정부고시가격이 있는 경우 그 가격을 말한

다)에 따라 계산한다.

4. 보상비: 항만개발사업 시행을 위해 지급된 토지매입비[건물·입목(立木) 등의 매입비를 포함한다], 이주대책비 및 영업권·어업권·양식업권·광업권 등의 권리에 대한 보상비를 말한다.

5. 부대비: 다음 각 목의 비용을 합한 금액을 말한다.

가. 「엔지니어링산업 진흥법」 제31조제2항에 따른 엔지니어링사업의 대가 산정기준 및 「건설기술 진흥법」 제37조에 따른 건설엔지니어링비 산정기준에 따라 산정한 건설사업관리비

나. 계약을 통해 측량, 조사, 설계, 공사 또는 건설공사 감리를 시행하는 경우 「국가를 당사자로 하는 계약에 관한 법률 시행령」 제64조를 준용해 산정한 물가상승에 따른 증가액

다. 환경영향평가에 드는 비용, 피해영향조사비, 매립면허 수수료, 감정평가 수수료 및 건설공사 손해보험료

라. 그 밖에 법령에 따른 각종 세금, 공과금, 부담금 및 수수료나 항만개발사업의 시행에 따른 조건의 이행에 드는 모든 비용

6. 건설이자: 제1호부터 제5호까지에서 규정한 비용에 대한 건설이자(이자율은 사업기간 중 한국은행이 발표하는 예금은행 가중평균금리 중 정기예금 수신금리와 대출금리를 가중평균하여 적용하며, 그 적용에 관한 세부사항은 해양수산부장관이 정하여 고시한다)를 말한다. 다만, 비관리청이 고의로 개발사업을 지연시킨 경우 또는 비관리청의 과실로 항만개발사업실시계획에서 정한 시기에 관리청의 준공확인을 받지 못한 경우 등 해양수산부령으로 정하는 비관리청의 귀책사유로 사업기간이 연장된 경우 그 연장기간에 대한 건설이자는 제외한다.

7. 부가가치세: 법 제15조제1항 본문에 따라 토지 및 항만시설을 국가 또는 시·도에 귀속시킬 경우 「부가가치세법」 제37조에 따라 납부하는 세액을 말한다.

② 제1항제1호부터 제5호까지에서 규정한 비용은 도급계약서, 세금계산서 등 증명서류를 기준으로 한다.

③ 제1항에 따른 총사업비를 산정하는 경우 다음 각 호의 비용은 포함하지 않는다. 〈개정 2022. 7. 4.〉

1. 법 제15조제1항 단서에 따라 국가 또는 시·도에 귀속되지 않은 토지 및 항만시설의 개발사업과 관련된 비용

2. 제2항에 따른 증명서류로 입증되지 않는 비용

3. 비관리청이 전용할 목적으로 시행하는 수역시설의 준설에 드는 비용 등 해양수산부령으로 정하는 비용

4. 하자보수 보증보험비용

제26조(귀속 항만시설의 무상사용 등) ① 법 제15조제3항에 따라 무상으로 항만시설을 사용할 수 있는 기간은 다음 각 호의 사용료를 합한 금액이 제25조에 따라 산출된 총사업비에 이를 때까지로 한다. 이 경우 무상사용기간을 산정할 때에 적용할 항만시설의 사용료는 해당 항만시설의 사용 당시의 항만시설 사용료를 기준으로 하되, 「자유무역지역의 지정 및 운영에 관한 법률」 제4조에 따라 지정된 자유무역지역 안에 있는 항만시설의 사용료는 같은 법 제17조제2항 또는 제18조제2항에 따른 임대료를 기준으로 한다. 〈개정 2022. 7. 4.〉

1. 국가 또는 시·도에 귀속된 해당 항만시설을 유상으로 사용하는 경우의 사용료

2. 법 제43조에 따라 타인으로부터 징수하는 항만시설 사용료

3. 제45조제1항제7호에 해당하는 자가 사용료가 면제되는 항만시설을 유상으로 사용할 경우의 사용료

② 법 제15조제1항 단서에 따라 비관리청이 토지 소유권을 취득하는 경우에는 제25조에도 불구하고 해당 토지가액을 제외한 잔액을 총사업비로 확정하여 제1항에 따른 무상사용기간을 산정해야 한다.

③ 제2항에 따른 토지가액의 산정에 관해서는 제24조제2항에 따른다.

제27조(매도청구 대상 토지의 범위 등) ① 법 제16조제1항 전단에서 "대통령령으로 정하는 토지"란 다음 각 호의 요건을 모두 갖춘

토지를 말한다.

1. 법 제45조에 따라 항만배후단지로 지정된 토지(공공시설용지는 제외한다)일 것

2. 제18조제1항제8호에 따른 계획서에 항만개발사업의 목적을 달성하기 위한 매도청구에 관한 계획이 명시된 토지일 것

② 법 제16조제2항에 따른 토지의 매각 가격의 산정 절차에 관해서는 제24조제2항 및 제3항을 준용한다. 이 경우 “제1항제2호에 따른 토지의 가액”은 “법 제16조제2항에 따른 토지의 매각 가격”으로, “비관리청이 시행한 해당 항만개발사업의 준공확인 신청일”은 “비관리청이 토지의 매도를 청구한 날”로 본다.

제28조(비귀속 토지ㆍ항만시설의 양도제한 등) ① 법 제19조제1항 각 호 외의 부분에서 “대통령령으로 정하는 토지 및 항만시설”이란 다음 각 호의 토지 및 항만시설을 말한다. 〈개정 2022. 7. 4.〉

1. 제24조제1항에 따른 토지

2. 제24조제4항제3호ㆍ제4호ㆍ제6호ㆍ제7호 및 제8호(투기 목적으로 개발할 우려가 있다고 관리청이 인정하는 시설로 한정한다)에 따른 항만시설

② 법 제19조제1항제2호에서 “상속 등 대통령령으로 정하는 경우”란 다음 각 호의 어느 하나에 해당하는 경우를 말한다. 〈개정 2022. 7. 4.〉

1. 상속 또는 법인의 분할ㆍ합병으로 소유권을 이전하는 경우

2. 파산선고로 인해 처분하는 경우

3. 「산업발전법」 제21조에 따른 구조조정 대상기업으로서 기업구조조정을 위해 처분하는 경우

4. 비관리청(법인은 제외한다)이 항만개발사업으로 개발한 토지ㆍ항만시설의 전부를 현물출자하여 법인으로 전환하는 경우

5. 법 제72조에 따라 입주계약이 해지된 자가 1종 항만배후단지에 소유한 토지나 공장ㆍ건축물 또는 그 밖의 시설을 처분하는 경우

6. 그 밖에 항만의 효율적인 관리ㆍ운영을 위하여 비관리청이 토지

· 항만시설을 처분하는 것이 불가피하다고 관리청이 인정하는 경우

③ 법 제19조제3항에 따른 무상사용에 관해서는 제26조제1항을 준용한다. 이 경우 "법 제15조제3항"은 "법 제19조제3항"으로 본다.

제4장 항만의 관리와 사용

제29조(분구의 설정) 관리청은 법 제21조에 따라 분구(分區)를 설정하려는 경우에는 그 명칭 · 위치 및 구역과 취급화물 및 입항 · 출항 선박의 종류를 정하여 고시해야 한다. 〈개정 2020. 12. 29.〉

제30조(항만관리법인의 지정) ① 법 제23조제1항에 따른 항만관리법인(이하 "항만관리법인"이라 한다)으로 지정을 받으려는 자는 해양수산부령으로 정하는 항만관리법인 지정신청서에 다음 각 호의 서류를 첨부하여 해양수산부장관 또는 시 · 도지사에게 제출해야 한다. 〈개정 2020. 12. 29.〉

1. 임원의 성명을 기재한 서류
2. 정관
3. 사업계획서(화물에 대한 경비료 등을 징수하는 경우에는 그 산출 근거를 포함한다)

② 해양수산부장관 또는 시 · 도지사는 항만시설의 관리 · 경비 및 보안 등의 업무를 담당할 수 있는 전문 인력과 조직을 갖춘 자 중에서 항만관리법인을 지정한다. 〈개정 2020. 12. 29.〉

③ 제1항 및 제2항에서 규정한 사항 외에 항만관리법인의 지정기준 및 업무 범위 등에 관해 필요한 사항은 해양수산부장관이 정하여 고시한다.

제31조(사업계획 등의 제출) ① 항만관리법인은 매년 11월 30일까지 다음 사업연도의 사업계획 및 예산안을 작성하여 해양수산부장관 또는 시 · 도지사에게 제출해야 하며, 해당 사업계획 및 예산안을 변경한 경우에는 변경된 사업계획 및 예산안을 지체 없이 해양수산부장관 또는 시 · 도지사에게 제출해야 한다. 〈개정 2020. 12. 29.〉

② 항만관리법인은 매 사업연도의 수입 · 지출결산서를 작성하여

다음 해 3월 20일까지 해양수산부장관 또는 시·도지사에게 제출해야 한다. 〈개정 2020. 12. 29.〉

제32조(지도·감독) ① 해양수산부장관 또는 시·도지사는 항만관리법인을 지도·감독하며, 필요하다고 인정하는 경우에는 그 업무·회계 및 재산에 관한 사항을 보고하게 하거나 소속 공무원에게 항만관리법인의 장부·서류·시설 또는 그 밖의 물건을 검사하게 할 수 있다. 〈개정 2020. 12. 29.〉

② 해양수산부장관 또는 시·도지사는 제1항에 따른 검사 결과 위법한 사항을 발견한 경우에는 항만관리법인에 그 시정을 명할 수 있다. 〈개정 2020. 12. 29.〉

제33조(항만물류통합정보체계의 구축·운영 및 이용) ① 해양수산부장관은 법 제26조제1항에 따라 항만물류통합정보체계를 항만별로 구축한다.

② 해양수산부장관은 항만물류통합정보체계를 통한 민원사무 및 항만물류 관련 업무의 처리를 위해 필요한 표준서식과 표준전자문서를 개발해야 한다.

③ 제1항 및 제2항에서 규정한 사항 외에 항만물류통합정보체계의 구축·운영 및 이용에 필요한 사항은 해양수산부장관이 정하여 고시한다.

제34조(항만건설통합정보체계의 구축·운영) ① 법 제27조제3항에서 "대통령령으로 정하는 전담기관"이란 법 제102조제1항에 따라 설립된 한국항만협회(이하 "협회"라 한다)를 말한다. 〈개정 2023. 6. 7.〉

② 해양수산부장관은 법 제27조제3항에 따라 같은 조 제1항에 따른 항만건설통합정보체계 구축·운영 업무를 전담기관에 위탁하려는 경우에는 다음 각 호의 사항에 관한 협약을 체결해야 한다. 〈신설 2023. 6. 7.〉

1. 위탁업무의 내용 및 범위
2. 위탁업무의 수행방법
3. 위탁업무의 수행에 필요한 비용의 지급방법과 그 자금의 관리

에 관한 사항

4. 그 밖에 위탁업무의 효율적 수행을 위하여 해양수산부장관이 필요하다고 인정하는 사항

③ 해양수산부장관은 항만건설통합정보체계를 통한 민원사무 및 항만건설 관련 업무의 처리를 위해 필요한 표준서식과 표준전자문서를 개발해야 한다. 〈개정 2023. 6. 7.〉

④ 제1항부터 제3항까지에서 규정한 사항 외에 항만건설통합정보체계의 구축·운영에 관한 사항은 해양수산부장관이 정한다. 〈개정 2023. 6. 7.〉

제35조(금지행위) 법 제28조제1항제3호에서 "대통령령으로 정하는 행위"란 항만구역 또는 항만시설에서 행하는 다음 각 호의 어느 하나에 해당하는 행위를 말한다. 〈개정 2025. 3. 11.〉

1. 정당한 사유 없이 토석(土石) 또는 자갈을 채취하거나 수산동식물을 포획·채취(「수산업법」 제2조제2호에 따른 어업으로서의 포획·채취로 한정한다) 또는 양식하는 행위

2. 수질오염 등으로 국민건강 및 환경상의 위해(危害)를 발생시키는 행위

3. 준설 토사(土砂)를 지정된 장소가 아닌 곳에 버리는 행위

제36조(환경실태조사의 대상지역 등) ① 법 제29조제1항에 따른 항만구역에 대한 환경실태조사(이하 "환경실태조사"라 한다)의 대상지역은 항만구역 중 「군사기지 및 군사시설 보호법」 제2조제3호가목에 따른 군항의 육상구역과 수역을 제외한 구역으로 한다.

② 환경실태조사는 제1항에 따른 대상지역에서 발생하는 「소음·진동관리법」 제2조제1호에 따른 소음 및 「대기환경보전법」 제2조제1호에 따른 대기오염물질을 대상으로 실시한다.

제37조(환경실태조사의 절차 등) ① 해양수산부장관은 환경실태조사를 실시하려는 경우 관계 중앙행정기관의 장 및 시·도지사와 협의하여 환경실태조사의 방법 등을 포함하는 항만구역 환경실태 조사계획(이하 이 조에서 "조사계획"이라 한다)을 수립해야 한다.

② 해양수산부장관은 제1항에 따라 수립한 조사계획의 내용을 관계 중앙행정기관의 장 및 시·도지사에게 통보해야 한다.

③ 해양수산부장관은 조사계획에 따라 환경실태조사를 실시하고, 그 결과를 관계 중앙행정기관의 장 및 시·도지사에게 통보해야 한다.

④ 해양수산부장관은 제3항에 따른 환경실태조사의 결과에 따라 해당 항만시설에 대한 환경개선 및 정비대책을 수립·시행할 수 있다. 이 경우 법, 「해운법」 및 「항만운송사업법」 등 관계 법령에 따라 면허·허가·등록 등을 받아 항만구역 안에서 사업을 영위하는 자(이하 이 조에서 "항만사업자"라 한다)가 관리·운영하는 항만시설에 대해서는 항만시설의 정비 등 필요한 조치를 할 수 있도록 환경실태조사 결과를 해당 항만사업자에게 통보할 수 있다.

제38조(시설장비의 범위) 법 제31조제1항에서 "대통령령으로 정하는 항만시설"이란 별표 5의 시설장비를 말한다.

제39조(검사의 면제) ① 법 제34조제1항제3호에서 "대통령령으로 정하는 것"이란 다음 각 호의 어느 하나에 해당하는 것을 말한다.

1. 「건설기술 진흥법」 제39조제2항에 따른 감독 권한대행 업무를 포함하는 건설사업관리

2. 「엔지니어링산업 진흥법」 제2조제4호에 따른 엔지니어링사업자가 시행하는 같은 조 제1호가목에 따른 감리

3. 「건설기계관리법」 제13조제1항에 따른 검사

② 제1항제1호 및 제2호에 따른 감독 권한대행 업무를 포함하는 건설사업관리 및 감리는 해양수산부령으로 정하는 기술 인력과 시설이 투입된 경우로 한정한다.

③ 제1항제3호에 따른 검사의 대상인 시설장비는 별표 5 제9호 및 제16호의 시설장비로 한정한다.

제40조(항만시설의 기술기준) ① 법 제36조제1항에서 "대통령령으로 정하는 항만시설"이란 다음 각 호의 시설을 말한다.

1. 임항교통시설(臨港交通施設)

2. 항행 보조시설

3. 하역시설

4. 화물의 유통시설과 판매시설

5. 「마리나항만의 조성 및 관리 등에 관한 법률」 제2조제2호에 따른 마리나항만시설

6. 그 밖에 해양수산부장관이 기술기준이 필요하다고 인정하는 항만시설

② 법 제36조제3항제5호에서 “대통령령으로 정하는 업무”란 같은 항 제3호에 따른 기술기준의 검증 및 평가에 필요한 검증실험, 시험시공 및 관련 항만개발사업 시행자와의 협력 업무를 말한다.

③ 법 제36조제4항에서 “대통령령으로 정하는 전문기관”이란 협회를 말한다. 〈개정 2023. 6. 7.〉

④ 해양수산부장관은 협회에 업무를 위탁하려는 경우에는 위탁업무의 범위·운영방법, 위탁업무 수행에 필요한 비용의 지급범위·사용 등에 관해 협회와 협약을 체결해야 한다.

제41조(항만시설 안전점검의 실시) ① 법 제38조제1항제2호에 따른 항만시설에 대한 정기안전점검·정밀안전점검·긴급안전점검(이하 이 조에서 “정기안전점검등”이라 한다)의 실시 시기 등은 별표 6과 같다.

② 제1항에서 규정한 사항 외에 정기안전점검등의 실시 절차 및 방법 등에 관해 필요한 사항은 해양수산부장관이 정하여 고시한다.

제42조(항만건설장비) 법 제39조제1항에서 “대통령령으로 정하는 항만건설장비”란 다음 각 호의 어느 하나에 해당하는 장비를 말한다.

1. 기중기

2. 준설기

3. 항타기(杭打機: 해머나 동력을 사용하여 말뚝을 박는 기계)

4. 지반개량기

제43조(항만건설장비의 검사업무 위탁) ①「선박안전법」 제60조제1항 및 제2항에 따라 검사등업무를 대행하는 한국해양교통안전공단

및 선급법인은 법 제39조제3항에 따라 항만건설장비의 검사업무를 다음 각 호의 어느 하나에 해당하는 기관에 위탁할 수 있다.

1. 법 제35조제1항에 따른 검사대행기관
2. 「건설기계관리법」 제14조제1항에 따라 검사대행자로 지정받은 자

② 법 제39조제3항에 따라 검사업무를 위탁한 한국해양교통안전공단 또는 선급법인은 위탁한 기관의 명칭 등을 인터넷 홈페이지에 공고해야 한다.

제44조(항만시설의 사용) ① 법 제41조제1항제1호에 따라 사용허가를 받아 항만시설을 사용하려는 자는 해양수산부장관이 정하는 신청서에 다음 각 호의 사항을 적어 관리청에 제출(전자문서에 의한 제출을 포함한다)해야 한다. 〈개정 2022. 7. 4.〉

1. 신청인의 성명ㆍ생년월일 및 주소
2. 사용목적
3. 사용하려는 항만시설의 위치ㆍ명칭 및 면적ㆍ길이 등 규모
4. 사용기간

② 법 제41조제1항제2호에 따라 관리청과 임대계약을 체결하여 항만시설을 사용하려는 자는 해양수산부장관이 정하는 항만시설 임대신청서에 제1항 각 호의 사항을 적어 관리청에 제출(전자문서에 의한 제출을 포함한다)해야 한다. 〈개정 2022. 7. 4.〉

③ 법 제41조제1항제3호에 따라 관리청이 아닌 항만시설운영자(법 제104조에 따라 항만시설의 운영을 위임 또는 위탁받은 자를 말한다. 이하 같다)와 임대계약을 체결하여 항만시설을 사용하려는 자는 해양수산부장관이 정하는 항만시설 임대신청서에 제1항 각 호의 사항을 적어 항만시설운영자에게 제출해야 한다. 〈개정 2022. 7. 4.〉

④ 법 제41조제1항제5호에 따라 같은 항 제2호부터 제4호까지의 규정에 따라 임대계약을 체결한 자(이하 "임대계약자"라 한다)의 승낙을 받아 항만시설을 사용하려는 자는 해양수산부장관이 정하는 항만시설 사용신청서에 제1항 각 호의 사항을 적어 임대계약자에게

제출해야 한다. 이 경우 임대계약자는 당초 임대한 항만시설의 전부를 사용하게 하거나 그 운영권 일체를 행사하도록 해서는 안 된다.

⑤ 제2항부터 제4항까지의 규정에 따른 사용에 관한 임대기간, 승낙기간 및 그 요율(料率) 등 구체적인 사항은 항만시설운영자 또는 임대계약자가 정한다.

⑥ 임대계약자는 제4항에 따라 항만시설의 사용승낙을 한 경우에는 그 내용을 항만시설운영자에게 신고(전자문서에 의한 신고를 포함한다)해야 한다.

제45조(항만시설 사용료의 면제 등) ① 법 제42조제1항 단서에서 "대통령령으로 정하는 자"란 다음 각 호의 어느 하나에 해당하는 자를 말한다. 〈개정 2020. 12. 29.〉

1. 행정 목적을 위해 항만시설을 사용하는 국가나 지방자치단체

2. 외국과의 상호주의 원칙에 따라 외국의 군함, 행정선, 탐사선 또는 실습선 등이 항만시설을 사용하는 경우 그 선박소유자

3. 선박을 수리하기 위해 항만시설을 사용하는 선박소유자, 「해운법」 제3조에 따른 해상여객운송사업을 경영하는 자 및 같은 법 제23조에 따른 해상화물운송사업을 경영하는 자

4. 해양수산부장관이 정하는 해운 또는 항만 관련 비영리법인

5. 선원 및 항만근로자의 후생복지 증진을 위해 선박시설을 사용하는 선원의 단체 또는 항만근로자의 단체

6. 어민들의 사업수행을 위해 항만시설을 사용하는 「수산업협동조합법」에 따라 설립된 조합 및 중앙회

7. 법 제15조제1항 또는 제19조제1항제3호에 따라 국가 또는 시·도에 귀속된 항만시설의 건설에 사용된 총사업비를 보전하기 위해 해당 항만시설 외의 다른 항만시설을 사용(「항만공사법」 제4조에 따라 설립된 항만공사의 관할 항만시설을 사용하는 경우는 제외한다)하는 자

8. 다음 각 목의 어느 하나에 해당하는 자로서 항만개발사업의 시행을 위해 항만시설을 사용하는 자

가. 관리청이 발주한 항만개발사업을 시공하는 자

나. 법 제9조제2항 각 호 외의 부분 본문에 따른 항만개발사업(국가 또는 시·도에 귀속되는 항만시설의 개발사업으로 한정한다)의 시행허가를 받은 비관리청

9. 그 밖에 해양수산부장관이 항만의 관리·운영을 위해 사용료의 전부나 일부의 면제가 필요하다고 인정하는 자

② 법 제42조제1항 단서에 따라 항만시설운영자 또는 임대계약자가 사용료의 전부나 일부를 면제하는 경우 항만시설 사용료 면제의 범위·기간 및 절차 등에 관해 필요한 사항은 관리청과의 협의를 거쳐 항만시설운영자 또는 임대계약자가 정한다. 〈개정 2020. 12. 29.〉

③ 법 제42조제2항에서 "「해운법」 제23조에 따른 해상화물운송사업을 하는 자 등 대통령령으로 정하는 자"란 「해운법」 제3조에 따른 해상여객운송사업, 같은 법 제23조에 따른 해상화물운송사업 또는 같은 법 제33조제1항에 따른 해운대리점업을 경영하는 자를 말한다.

제46조(항만시설 사용료의 종류와 요율) ① 법 제42조제1항에 따른 항만시설 사용료의 종류는 다음 각 호와 같다.

1. 선박료
2. 화물료
3. 여객터미널 이용료
4. 항만시설 전용 사용료

② 법 제42조제1항에 따른 항만시설 사용료의 요율은 원활한 항만물류 등을 고려하여 제1항 각 호에 따른 사용료의 종류별로 해양수산부장관이 정하여 고시한다.

제47조(비관리청의 사용료 징수기간) 법 제43조제1항에 따른 사용료의 징수기간은 제26조제1항에 따른 기간으로 한다.

제5장 항만배후단지

제1절 항만배후단지의 지정 등

제48조(항만배후단지개발 종합계획의 수립) ① 법 제44조제2항제6호에서 "대통령령으로 정하는 사항"이란 다음 각 호의 사항을 말한다.

1. 항만배후단지의 개발에 필요한 용지(用地)의 면적 및 물동량 등 항만배후단지의 지정기준에 관한 사항
2. 항만배후단지의 지정을 위해 항만구역의 변경이 필요한 경우 그에 관한 사항
3. 용수 · 에너지 · 교통 · 통신시설 등 기반시설에 관한 사항
4. 하수도시설 · 공공폐수처리시설 · 폐기물처리시설의 설치, 자연경관 및 자연생태계 보전 등 환경보전에 관한 사항

② 법 제44조제4항 후단에서 "대통령령으로 정하는 경미한 사항을 변경하는 경우"란 항만배후단지에 설치할 시설 용지 면적의 100분의 10 범위에서 용지의 수요 · 공급계획을 변경하는 경우를 말한다.

③ 해양수산부장관은 법 제44조제5항에 따라 같은 조 제1항에 따른 항만배후단지개발 종합계획(이하 "종합계획"이라 한다)의 수립 또는 변경에 필요한 자료의 제출을 요구하거나 협조를 요청하는 경우에는 그 요구자료 또는 협조사항의 내용과 제출기한을 명확히 해야 한다.

④ 해양수산부장관은 법 제44조제1항 또는 제4항에 따라 종합계획을 수립 또는 변경한 경우 같은 조 제6항에 따라 해당 내용을 관보에 게재하고, 해양수산부의 인터넷 홈페이지에 게시하는 방법으로 고시한다.

제49조(항만배후단지개발계획의 변경 등) ① 법 제46조제1항 후단에서 "대통령령으로 정하는 중요 사항을 변경하려는 경우"란 다음 각 호의 어느 하나에 해당하는 변경을 하려는 경우를 말한다.

1. 항만배후단지 면적의 100분의 10 이상의 변경
2. 항만배후단지 부지이용계획의 시설용도별 면적의 100분의 10 이상의 변경
3. 항만배후단지개발사업 시행주체의 변경

② 법 제46조제2항제9호에서 "대통령령으로 정하는 사항"이란 다음 각 호의 사항을 말한다.

1. 항만배후단지에 설치하는 주요 시설에 대한 지원계획

2. 환지(換地)의 필요성이 있는 경우 그 환지계획

제50조(항만배후단지개발계획의 제안 및 처리 절차 등) ① 법 제47조제1항에 따라 법 제46조제1항에 따른 항만배후단지개발계획(이하 "항만배후단지개발계획"이라 한다)의 수립 또는 변경 수립을 제안하려는 자는 같은 조 제2항 각 호의 사항이 포함된 제안서를 해양수산부장관에게 제출해야 한다.

② 해양수산부장관은 제1항에 따라 제출된 제안서에 누락된 사항이 있거나 그 내용이 분명하지 않을 때에는 일정한 기간을 정하여 제안자에게 보완을 요구할 수 있으며, 다음 각 호의 어느 하나에 해당한다고 인정되는 경우에는 제안을 반려할 수 있다.

1. 제안 내용이 법령 또는 항만배후단지개발 목적에 맞지 않는 경우

2. 해양수산부장관이 법 제46조에 따라 해당 항만구역에 대해 항만배후단지개발계획을 수립 중인 경우

③ 해양수산부장관은 제2항에 따라 제안을 반려하지 않은 경우에는 제안서의 타당성을 판단하기 위해 제안서를 접수한 날부터 15일 이내에 「정부출연연구기관 등의 설립·운영 및 육성에 관한 법률」에 따라 설립된 정부출연연구기관 및 「사회기반시설에 대한 민간투자법 시행령」 제7조제3항 각 호의 기관(이하 이 조에서 "연구기관"이라 한다)에 검토를 의뢰할 수 있다.

④ 제3항에 따라 검토를 의뢰받은 연구기관은 의뢰받은 날부터 60일 이내에 해당 제안서에 대한 의견을 해양수산부장관에게 제출해야 하며, 적정 사업비·수익률 등 사업 추진을 위한 모든 조건에 관해 해당 제안서와 다른 의견을 제시할 수 있다. 다만, 연구기관이 제안서의 타당성을 판단하기 위해 자료의 보완을 요구하는 경우 해양수산부장관은 그 검토기한을 연장할 수 있다.

⑤ 해양수산부장관은 특별한 사정이 있는 경우를 제외하고 법 제47조제2항에 따라 제안된 항만배후단지개발계획을 추진할 것인지 여부 등 해당 제안에 대한 처리 결과를 제4항에 따라 연구기관으로부터 검토 의견을 제출받은 날부터 30일 이내에 제안자에게 통보해야 한다.

⑥ 해양수산부장관은 제5항에 따라 제안된 항만배후단지개발계획을 추진하는 것으로 제안자에게 통보한 경우에는 해당 제안자 외의 제3자가 다른 제안을 할 수 있도록 90일 이상의 응모기간을 정하여 해당 제안내용을 관보와 둘 이상의 일간신문 및 해양수산부의 인터넷 홈페이지에 공고해야 한다.

⑦ 해양수산부장관은 제1항에 따라 제안서가 제출된 경우 그 제안서가 접수된 날부터 제6항에 따른 제안내용의 공고 전까지 제안자의 의사에 반하여 제안내용의 세부사항을 공개할 수 없다.

⑧ 해양수산부장관은 제6항에 따른 공고를 하는 경우에는 제3자의 제안에 필요한 사항을 제외하고는 최초 제안자의 이익을 침해하는 내용을 공고해서는 안 된다.

⑨ 해양수산부장관은 제6항에 따라 공고하는 경우 적정 사업비·수익률 등 사업 추진을 위한 모든 조건에 관해 해당 제안내용과 다른 내용을 포함하여 공고할 수 있고, 최초 제안자는 공고에서 정한 기한까지 최초의 제안내용을 변경하여 다시 제안서를 제출할 수 있다.

⑩ 해양수산부장관은 제6항에 따른 공고에서 정한 기한까지 제3자가 제1항의 요건을 갖춘 제안서를 제출한 때에는 최초 제안서(최초 제안자가 변경 제안서를 제출한 경우에는 변경 제안서를 말한다)와 제3자의 제안서를 검토·평가한 후 특별한 사유가 없으면 제안서의 평가결과에 따라 둘 이상의 협상대상자와 그 순위를 정해야 한다. 이 경우 해양수산부장관은 제안서를 검토·평가할 때에 최초 제안자에게 다음 각 호의 구분에 따른 범위에서 가산점을 줄 수 있다.

1. 최초 제안자가 변경 제안서를 제출하지 않은 경우: 총평가점수의 10퍼센트

2. 해양수산부장관이 제9항에 따라 최초 제안자의 제안내용과 다른 내용을 포함하여 공고하고 최초 제안자가 이에 따른 변경 제안서를 제출한 경우: 총평가점수의 5퍼센트

⑪ 해양수산부장관은 제6항에 따른 공고에서 정한 기한까지 다른 제안이 없는 경우에는 최초 제안자를 협상대상자로 지정해야 한다.

⑫ 해양수산부장관이 제10항 또는 제11항에 따라 지정된 협상대상자와 총사업비 등 사업시행의 조건 등이 포함된 협약을 체결한 경우에는 그 협상대상자를 법 제50조제1항에 따른 항만배후단지개발사업의 시행자(이하 "사업시행자"라 한다)로 지정한 것으로 본다.

⑬ 제1항부터 제12항까지에서 규정한 사항 외에 제안에 대한 평가와 협상대상자와의 협약 체결에 필요한 세부적인 사항은 해양수산부장관이 정하여 고시한다.

제51조(항만배후단지개발계획의 공모 절차) ① 해양수산부장관은 법 제47조제3항에 따른 항만배후단지개발계획안(이하 "항만배후단지개발계획안"이라 한다)을 공모하는 경우에는 다음 각 호의 사항을 관보 및 일간신문에 1회 이상 공고하고, 그 응모기간을 90일 이상으로 해야 한다. 이 경우 각 호의 공고 사항에 대한 세부내용은 해양수산부장관이 정하여 고시한다.

1. 항만배후단지개발사업의 개요
2. 항만배후단지개발사업의 평가계획
3. 공모 참가자격 및 일정
4. 사업시행자 지정 절차
5. 항만배후단지개발계획안 작성지침
6. 그 밖에 항만배후단지개발계획안의 공모에 필요한 사항

② 해양수산부장관은 제1항에 따른 공모에 응모자가 둘 이상인 경우에는 제출된 항만배후단지개발계획안을 평가하여 항만배후단지개발계획안을 채택한다.

③ 해양수산부장관은 채택된 항만배후단지개발계획안의 응모자가 법 제50조제1항에 따른 자격요건을 갖춘 자인 경우에는 해당 응모자를 사업시행자로 지정할 수 있다.

제52조(항만배후단지 지정 또는 변경의 고시) ① 법 제48조제1항에서 "대통령령으로 정하는 사항"이란 다음 각 호의 사항을 말한다.

1. 항만배후단지의 명칭·위치 및 면적
2. 항만배후단지의 지정목적
3. 항만배후단지개발사업의 시행자
4. 항만배후단지의 개발기간 및 개발방법
5. 토지이용계획 및 주요 기반시설계획
6. 시설의 배치계획
7. 수용·사용할 토지·건축물, 그 밖에 물건이나 권리가 있는 경우 그 세부목록 및 소유자와 「공익사업을 위한 토지 등의 취득 및 보상에 관한 법률」 제2조제5호에 따른 관계인의 성명 및 주소
8. 「토지이용규제 기본법」 제8조제2항 본문에 따른 지형도면
9. 항만배후단지에 설치하는 주요 시설에 대한 지원계획
10. 종전 토지소유자에 대한 환지계획
11. 관련 자료의 열람방법

② 제1항에도 불구하고 해양수산부장관은 제1항제3호·제7호 및 제10호의 사항이 항만배후단지를 지정할 때에 확정되지 않은 경우 그 내용이 확정된 후에 별도로 고시할 수 있다.

제53조(항만배후단지의 지정해제) ① 법 제49조제1항 본문에서 "대통령령으로 정하는 기간"이란 5년을 말한다.

② 법 제49조제1항 단서에서 "천재지변 등 대통령령으로 정하는 불가피한 사유"란 천재지변과 급격한 경제여건의 변동을 말한다.

③ 해양수산부장관은 법 제49조제2항에 따라 항만배후단지의 지정을 해제하려는 경우에는 그 내용 및 해제사유를 구체적으로 밝혀 관계 행정기관의 장과 협의해야 한다.

제2절 항만배후단지의 개발

제54조(사업시행자의 지정 등) ① 법 제50조제1항제3호에서 "대통령령으로 정하는 공공기관"이란 다음 각 호의 기관을 말한다.

1. 「제주특별자치도 설치 및 국제자유도시 조성을 위한 특별법」 제166조에 따라 설립된 제주국제자유도시 개발센터(제주특별자치도에서 항만배후단지개발사업을 시행하는 경우로 한정한다)
2. 「한국관광공사법」에 따른 한국관광공사
3. 「한국농어촌공사 및 농지관리기금법」에 따른 한국농어촌공사
4. 「한국수자원공사법」에 따른 한국수자원공사
5. 「한국철도공사법」에 따른 한국철도공사
6. 「한국토지주택공사법」에 따른 한국토지주택공사

② 법 제50조제1항제5호에서 "자본금 등 대통령령으로 정하는 자격요건에 해당하는 민간투자자"란 다음 각 호의 어느 하나에 해당하는 자를 말한다. 〈개정 2022. 7. 4.〉

1. 「건설산업기본법」에 따라 종합공사를 시공하는 업종으로 등록한 건설업자
2. 「자본시장과 금융투자업에 관한 법률」에 따른 신탁업자로서 「주식회사 등의 외부감사에 관한 법률」 제4조제1항에 따른 외부감사의 대상이 되는 자
3. 사업구역 토지면적의 100분의 50 이상을 소유한 자
4. 「사회기반시설에 대한 민간투자법」 제2조제13호에 따른 민관합동법인
5. 사업구역 토지면적의 3분의 1 이상의 토지를 신탁받은 부동산신탁회사
6. 「부동산투자회사법」 제2조제1호가목 및 나목에 따른 자기관리 부동산투자회사 및 위탁관리 부동산투자회사

③ 법 제50조제1항제6호에서 "대통령령으로 정하는 기준에 적합한 법인"이란 법 제50조제1항제1호부터 제5호까지의 어느 하나에 해당하는 자의 출자비율의 합이 자본금의 100분의 20 이상인 법인

을 말한다.

④ 법 제50조제3항제4호에서 "대통령령으로 정하는 사유"란 사업시행자가 경영상의 이유 등으로 스스로 변경 또는 지정의 취소를 신청하는 경우를 말한다.

⑤ 해양수산부장관은 사업시행자를 지정(제50조제12항에 따라 협약을 체결하여 사업시행자로 지정한 것으로 보는 경우를 포함한다)·지정취소하거나 변경한 경우에는 법 제50조제4항에 따라 다음 각 호의 사항을 관보에 고시해야 한다.

1. 사업명
2. 사업시행자의 성명 또는 명칭
3. 사업구역의 위치
4. 지정·지정취소 또는 변경의 사유

제55조(항만배후단지개발사업실시계획의 승인 등) ① 법 제51조제1항에 따라 사업시행자가 항만배후단지개발사업실시계획의 승인을 받으려는 경우에는 해양수산부령으로 정하는 항만배후단지개발사업실시계획 승인신청서에 다음 각 호의 서류와 도면을 첨부하여 해양수산부장관에게 제출해야 한다. 〈개정 2020. 12. 29., 2022. 7. 4.〉

1. 축척 2만5천분의 1의 위치도
2. 지적도에 따라 작성한 용지도(토지의 용도를 기록한 지도를 말한다)
3. 계획평면도 및 실시설계도서
4. 자금계획 및 이를 증명할 수 있는 서류(연도별 투자계획 및 재원조달계획과 연도별 투자비 회수 등에 관한 계획을 포함한다)
5. 「환경영향평가법」 제27조에 따른 환경영향평가서, 같은 법 제29조에 따라 통보된 협의 내용 및 이에 따른 조치 계획(같은 법 시행령 제31조제2항 및 별표 3에 따른 환경영향평가 대상사업의 범위에 포함되는 경우로 한정한다)
6. 「도시교통정비 촉진법」 제16조에 따른 교통영향평가서, 같은 법 제17조에 따른 교통영향평가서의 심의 결과 및 이행 계획서(같

은 법 시행령 제13조의2제3항 및 별표 1에 따른 교통영향평가 대상사업의 범위에 포함되는 경우로 한정한다)

7.「자연재해대책법」 제4조에 따른 재해영향평가등의 협의에 필요한 서류(같은 법 시행령 제6조 및 별표 1에 따른 재해영향평가등의 협의 대상사업에 포함되는 경우로 한정한다)

8. 항만배후단지개발사업으로 조성되는 토지 및 시설의 사용·수익·관리 및 처분에 관한 계획서(항만배후단지개발사업의 목적을 달성하기 위해 필요한 토지에 대한 법 제61조에 따른 매도청구에 관한 계획서를 포함한다)

9. 항만시설 등 공공시설의 설치·이전·철거·귀속·이관 및 양여 등에 관한 조서

10. 존치하려는 시설물의 명세서

11. 법 제98조제3항에 따른 관계 행정기관의 장과의 협의에 필요한 서류

12. 해양수산부장관이 지정하는 수산에 관한 전문연구기관 또는 교육기관이 조사한 피해영향조사서

② 법 제51조제2항제8호에서 "대통령령으로 정하는 사항"이란 다음 각 호의 사항을 말한다.

1. 조성할 토지의 단계별 확보계획

2. 항만배후단지개발사업을 단계적으로 시행하는 경우 단계별 시행계획

③ 법 제51조제3항 단서에서 "대통령령으로 정하는 경미한 사항을 변경하는 경우"란 다음 각 호의 어느 하나에 해당하는 경우를 말한다.

1. 사업시행자의 성명·명칭 또는 주소를 변경하는 경우

2. 사업시행지역의 변동이 없는 범위에서 측량 착오 등에 따라 사업면적을 정정하는 경우

3. 「국토의 계획 및 이용에 관한 법률」 제2조제4호에 따른 도시·군 관리계획에서 결정된 내용을 반영하여 변경하는 경우

4. 그 밖에 해양수산부장관이 항만배후단지개발사업실시계획의 기본 방향에 영향을 미치지 않는다고 인정하는 사항을 변경하는 경우

④ 사업시행자는 항만배후단지개발사업실시계획 중 제3항 각 호에 해당하는 변경을 한 경우 지체 없이 그 변경 내용을 해양수산부장관에게 통보해야 한다.

⑤ 해양수산부장관은 항만배후단지개발사업실시계획을 승인하거나 변경승인하려는 경우 법 제51조제4항에 따라 의견을 듣기 위해 관계 서류의 사본을 관할 시·도지사 및 시장·군수·구청장에게 보내야 한다.

⑥ 시·도지사 및 시장·군수·구청장은 제5항에 따라 관계 서류의 사본을 받은 날부터 20일 이내에 해양수산부장관에게 의견서를 제출해야 한다.

⑦ 해양수산부장관은 항만배후단지개발사업실시계획을 승인 또는 변경승인한 경우에는 법 제51조제5항에 따라 다음 각 호의 사항을 관보에 고시해야 한다.

1. 항만배후단지개발사업의 명칭 및 목적
2. 항만배후단지개발사업 구역의 위치 및 면적
3. 사업시행자의 성명 또는 명칭 및 주소
4. 항만배후단지개발사업실시계획의 개요
5. 사업시행기간
6. 관련 자료의 열람방법

제56조(공공시설) 법 제52조에서 "대통령령으로 정하는 공공시설"이란 다음 각 호의 시설을 말한다. 〈개정 2022. 7. 4.〉

1. 항만배후단지의 진입도로 및 간선도로
2. 항만배후단지 안의 공원 및 녹지(「국토의 계획 및 이용에 관한 법률」 제2조제7호에 따른 도시·군계획시설로 결정된 공원 및 녹지를 말한다)
3. 용수공급시설, 가스공급시설, 하수도시설, 전기·통신시설, 공공폐수처리시설 및 폐기물처리시설

4. 법 제15조제1항 본문에 따라 국가 또는 시·도에 귀속되는 토지 및 항만시설 중 공공시설용지

제57조(선수금) ① 사업시행자는 항만배후단지개발사업실시계획의 승인을 받은 후에만 법 제53조에 따라 항만배후단지개발사업으로 조성되는 토지·건축물 또는 공작물 등(이하 이 조에서 "조성토지등"이라 한다)을 공급받거나 이용하려는 자로부터 그 대금의 전부 또는 일부(이하 "선수금"이라 한다)를 미리 받을 수 있다.

② 사업시행자는 선수금을 받으려는 경우에는 조성토지등의 가격·면적·위치·상태·이용방법 등에 대해 해당 조성토지등을 공급받거나 이용하려는 자와 미리 협의해야 한다.

제58조(원형지의 공급과 개발 절차 등) ① 사업시행자는 법 제54조제1항에 따라 사업구역의 일부를 자연친화적으로 개발하거나 입체적으로 개발하기 위해 조성되지 않은 상태의 토지(이하 "원형지"라 한다)의 공급계획에 대해 해양수산부장관의 승인을 받으려는 경우에는 원형지 공급계획 승인신청서에 다음 각 호의 서류를 첨부하여 해양수산부장관에게 제출해야 한다.

1. 공급대상 원형지의 위치·면적 및 공급 목적

2. 원형지를 공급받아 개발하는 자(이하 이 조에서 "원형지개발자"라 한다)에 관한 사항

3. 원형지 인구 수용 계획, 토지이용 계획, 교통처리 계획, 환경보전 계획, 주요 기반시설의 설치 계획 및 그 밖의 원형지 사용계획 등을 포함하는 원형지 개발계획

4. 원형지 사용조건

5. 예상 공급가격 및 주요 계약조건

6. 그 밖에 해양수산부장관이 사업의 특성상 필요하다고 인정하는 사항으로서 사업시행자와 협의하여 정하는 사항

② 제1항에 따른 원형지 공급계획 승인신청서를 제출받은 해양수산부장관은 원형지 공급계획이 항만배후단지개발계획에 부합하는 경우에만 원형지 공급계획을 승인해야 한다.

③ 법 제54조제1항제4호에서 "대통령령으로 정하는 공공기관"이란 제54조제1항 각 호의 공공기관을 말한다.

④ 법 제54조제6항 본문에서 "대통령령으로 정하는 기간"이란 다음 각 호의 기간 중 먼저 끝나는 기간을 말한다.

1. 법 제59조에 따른 공사완료 공고를 한 날부터 5년
2. 원형지 공급 계약일부터 10년

⑤ 법 제54조제6항 단서에서 "이주용 주택이나 공공시설 등 대통령령으로 정하는 용도로 사용하려는 경우"란 원형지를 다음 각 호의 용지로 사용하려는 경우를 말한다.

1. 임대주택 용지
2. 기반시설 용지
3. 그 밖에 원형지개발자가 직접 조성하거나 운영하기 어려운 시설의 설치를 위한 용지

⑥ 사업시행자는 법 제54조제8항 각 호의 어느 하나에 해당하는 사유가 발생한 때에는 원형지개발자에게 2회 이상 시정을 요구한 후, 원형지개발자가 시정하지 않으면 원형지 공급계약을 해제할 수 있다. 이 경우 원형지개발자는 사업시행자의 시정 요구에 대해 의견을 제시할 수 있다.

⑦ 원형지개발자의 선정은 수의계약의 방법으로 한다.

⑧ 원형지의 공급가격은 원형지의 감정가격(감정평가법인등이 감정평가한 금액을 말한다)에 사업시행자가 원형지에 설치한 기반시설 등의 공사비를 더한 금액을 기준으로 사업시행자와 원형지개발자가 협의하여 결정한다.

⑨ 사업시행자와 원형지개발자의 업무 범위는 원형지 공급계약으로 정하되, 원형지 조성을 위한 인가·허가 등의 신청 등 관계 법령에 따른 업무는 사업시행자가 담당한다.

제59조(준공확인의 신청 등) ① 사업시행자는 법 제58조제1항에 따라 준공확인을 신청하려는 경우에는 해양수산부령으로 정하는 준공확인신청서에 다음 각 호의 서류를 첨부하여 해양수산부장관에게 제

출해야 한다. 〈개정 2025. 2. 7.〉

1. 준공조서(준공설계도서와 준공사진을 포함한다)

2. 시장·군수·구청장, 「공간정보의 구축 및 관리 등에 관한 법률」 제44조제2항에 따라 측량업의 등록을 한 자 또는 「한국국토정보공사법」에 따른 한국국토정보공사가 발행하는 지적측량성과도

3. 토지의 용도별 면적조서 및 평면도

4. 공공시설 등의 귀속조서 및 도면

5. 신·구 지적대조도 및 시설의 대비표

6. 총사업비 명세서

② 해양수산부장관은 법 제58조제2항에 따른 준공검사를 할 때 효율적인 검사를 위해 필요하다고 인정하는 경우에는 항만배후단지개발사업이 승인된 항만배후단지개발사업실시계획의 내용대로 시행되었는지에 대해 전문기관 또는 단체에 검토를 의뢰할 수 있다.

제60조(준공 전 사용신고) 사업시행자는 법 제58조제5항 단서에 따른 준공 전 사용신고를 하려는 경우에는 해양수산부령으로 정하는 준공 전 사용신고서에 다음 각 호의 서류를 첨부하여 해양수산부장관에게 제출해야 한다.

1. 사용하려는 토지 또는 시설의 공정 현황이 포함된 사용계획서

2. 사용하려는 토지 또는 시설의 사용가능 여부 및 안정성 등에 관한 공사감리자의 의견서

3. 사용하려는 토지 또는 시설의 완성단계 도면 및 사진

제61조(공사완료의 공고사항) ① 법 제59조에 따른 공사완료의 공고는 관보에 게재하는 방법으로 한다.

② 제1항에 따른 공고에는 다음 각 호의 사항이 포함되어야 한다.

1. 항만배후단지개발사업의 명칭

2. 사업시행자

3. 항만배후단지개발사업 시행지의 위치

4. 항만배후단지개발사업 시행지의 면적 및 용도별 면적

5. 준공일

6. 주요 시설물의 처분에 관한 사항

제62조(귀속 대상 외의 공공시설) 법 제60조제2항에서 “대통령령으로 정하는 시설”이란 제24조제4항 각 호에 따른 항만시설을 말한다.

제63조(토지의 매도청구) 법 제61조제1항 전단에서 “대통령령으로 정하는 토지”란 제55조제1항제8호에 따른 계획서에 항만배후단지개발사업의 목적을 달성하기 위한 매도청구에 관한 계획이 명시된 토지를 말한다.

제64조(조성토지의 분양 · 임대 방법 등) ① 사업시행자는 법 제62조제1항에 따라 조성하여 취득한 토지(이하 이 조에서 “조성토지”라 한다)를 분양 또는 임대하려는 경우에는 다음 각 호의 사항을 적은 분양 · 임대 계획서를 작성하여 조성토지를 취득한 후 30일이 지나기 전까지 해양수산부장관에게 제출해야 한다. 〈개정 2022. 7. 4.〉

1. 분양 또는 임대하려는 조성토지의 위치 · 면적 및 용도
2. 분양 또는 임대 대상자의 자격 요건 및 선정 방법
3. 분양 또는 임대의 시기 · 방법 및 조건
4. 조성토지의 가격결정 기준
5. 조성토지의 분양 또는 임대와 관련된 다음 각 목의 사항(일반 · 제한 · 지명경쟁입찰의 방법으로 분양 또는 임대하는 경우만 해당한다)

가. 분양 또는 임대 공고의 방법

나. 사업시행자의 성명(법인인 경우에는 법인의 명칭 및 대표자의 성명) · 주소

다. 조성토지의 위치 · 면적 및 용도(용도에 대한 금지 또는 제한이 있는 경우에는 그 금지 또는 제한의 내용을 포함한다)

라. 분양 또는 임대의 시기 · 방법 및 조건

마. 분양 또는 임대 가격

바. 분양 또는 임대 신청의 기간 및 장소

사. 분양 또는 임대 신청 자격

아. 분양 또는 임대 신청 시의 첨부서류

6. 그 밖에 조성토지의 원활한 분양 또는 임대를 위해 해양수산부장관이 정하는 사항

② 사업시행자는 조성토지와 관련된 항만배후단지개발사업의 목적, 항만배후단지개발계획 및 제1항에 따른 분양·임대 계획서에 따라 조성토지를 분양 또는 임대해야 한다.

③ 사업시행자는 일반·제한·지명경쟁입찰의 방법으로 조성토지를 분양 또는 임대하려는 경우에는 제1항제5호나목부터 아목까지의 사항을 공고해야 한다. 〈개정 2022. 7. 4.〉

제65조(개발이익의 재투자) 사업시행자가 법 제63조제1항에 따라 사용해야 하는 개발이익은 항만배후단지개발사업으로 발생하는 개발이익의 100분의 25로 한다.

제66조(입주자협의회의 구성 및 운영) ① 법 제64조제1항에 따른 입주자협의회(이하 이 조에서 "입주자협의회"라 한다)는 그 구성 당시 해당 사업구역의 입주자 및 입주예정자의 75퍼센트 이상이 회원으로 가입해야 한다.

② 입주자협의회는 매 사업연도 개시일부터 2개월 이내에 정기총회를 개최해야 하고, 필요한 경우에는 임시총회를 개최할 수 있다.

③ 입주자협의회의 회의는 규약에 다른 규정이 있는 경우를 제외하고는 재적회원 과반수의 출석으로 개의하고, 출석회원 과반수의 찬성으로 의결한다.

④ 제1항부터 제3항까지에서 규정한 사항 외에 입주자협의회의 구성 및 운영에 관해 필요한 사항은 입주자협의회의 규약으로 정한다.

제3절 1종 항만배후단지의 관리·운영

제67조(관리지침의 내용 등) ① 법 제65조제1항 전단에 따른 1종 항만배후단지관리지침(이하 "관리지침"이라 한다)에는 다음 각 호의 사항이 포함되어야 한다.

1. 1종 항만배후단지 관리의 기본원칙

2. 법 제66조제1항에 따른 1종 항만배후단지관리기관(이하 “관리기관”이라 한다)의 업무 범위에 관한 사항

3. 1종 항만배후단지 입주기업체의 선정 절차 · 시기 · 방식 · 기준 및 선정계획 등 입주기업체의 선정에 관한 사항

4. 1종 항만배후단지 입주기업체와의 입주계약 체결 · 해지, 입주기업체별 임대 면적, 임대료 및 입주의 실시 등 입주기업체의 입주에 관한 사항

5. 분양된 용지의 양도 · 양수 등 입주기업체의 준수사항

6. 1종 항만배후단지 입주기업체의 사업계획 제출 · 변경, 사업실적 평가 및 평가결과 활용에 관한 사항

7. 법 제68조에 따른 1종 항만배후단지관리계획의 수립에 관한 사항

8. 1종 항만배후단지 공동시설의 유지 · 관리, 출입 등 1종 항만배후단지의 운영에 관한 사항

9. 1종 항만배후단지 특화구역(항만별 특성을 고려하여 유사 산업을 집적화하고 특성화하기 위해 해양수산부장관이 지정 · 고시하는 구역을 말한다)의 지정 · 운영에 관한 사항

10. 그 밖에 1종 항만배후단지의 용지 및 시설의 유지 · 보수 · 개량 등 1종 항만배후단지의 관리업무에 관해 필요한 사항

② 법 제65조제1항 후단에 따라 제1항제10호에 해당하는 사항의 일부를 변경하는 경우 외에는 관리지침의 변경사항을 고시해야 한다.

제68조(관리기관의 지정 · 변경절차 및 시기) ① 해양수산부장관이 법 제66조제1항 및 제5항에 따라 관리기관을 지정 또는 변경지정한 경우에는 다음 각 호의 내용을 적은 지정서를 해당 관리기관에 지체 없이 발급하고, 지정 사실과 그 내용을 관보에 고시해야 한다.

1. 관리기관의 명칭 및 주된 사무소의 소재지

2. 관리대상인 1종 항만배후단지의 명칭 · 위치 · 면적 및 관리시설 등의 현황

3. 관리기관 지정일 또는 변경지정일

② 법 제66조제2항제3호에 따른 기관 또는 단체가 관리기관으로 지정을 받으려면 다음 각 호의 서류를 첨부하여 해양수산부장관에게 신청해야 한다.

1. 법인의 정관(법인인 경우만 해당한다)

2. 1종 항만배후단지 운영에 필요한 전문 인력과 시설 등 해양수산부장관이 정하여 고시한 기준을 갖추었음을 확인할 수 있는 서류

3. 사업계획서

③ 해양수산부장관은 제2항에 따른 관리기관의 지정을 위해 필요하다고 인정되는 경우에는 신청인에게 자료의 제출을 요구하거나 신청인의 의견을 들을 수 있다.

④ 해양수산부장관은 항만배후단지의 조성이 완료되기 전까지 관리기관을 지정해야 한다.

제69조(1종 항만배후단지관리계획의 작성) ① 관리기관은 법 제68조에 따라 매년 관할 1종 항만배후단지관리계획을 수립하여 1월 31일까지 해양수산부장관에게 제출해야 한다.

② 해양수산부장관은 제1항에 따라 제출된 1종 항만배후단지관리계획을 검토하여 법 제68조제2항 각 호의 사항이 누락되었거나 그 내용이 분명하지 않은 경우에는 보완을 요구할 수 있다.

제70조(입주자격) ① 법 제69조제1항 각 호 외의 부분 단서에서 "대통령령으로 정하는 기간"이란 입주계약일부터 3년을 말한다.

② 법 제69조제1항제1호에서 "대통령령으로 정하는 사업"이란 다음 각 호의 사업을 말한다.

1. 국제운송주선 · 국제선박거래, 포장 · 보수 · 가공 또는 조립 사업 등 복합물류 관련 사업

2. 선박(선박의 운영에 필요한 장비를 포함한다)의 수리 · 정비 및 조립 사업 등 국제물류 관련 사업

3. 연료, 식수 및 선식(船食) 등 선박 용품의 공급업

4. 물류시설 관련 개발업 및 임대업

③ 법 제69조제1항제2호에서 “매출액 대비 수출입액 등이 대통령령으로 정하는 기준을 충족하는 자”란 입주기업체 선정 공고일(수의계약으로 입주계약을 체결하기 위해 입주기업체 선정 공고를 하지 않는 경우에는 입주계약 체결 예정일을 말한다) 직전 3년의 기간 중 총 매출액 대비 수출입액이 100분의 20 이상인 기간이 연속하여 1년 이상인 자를 말한다. 〈개정 2025. 3. 11.〉

④ 법 제69조제1항제2호의2에서 “대통령령으로 정하는 사업”이란 제조업과 제6항 각 호의 사업을 말한다. 〈신설 2021. 5. 25.〉

⑤ 법 제69조제1항제3호에서 “외국인투자 비중 등이 대통령령으로 정하는 기준을 충족하는 자”란 해당 외국인투자가 「외국인투자 촉진법 시행령」 제2조제2항 본문 및 같은 항 각 호에 따른 외국인투자의 기준을 충족하는 자를 말한다. 〈개정 2021. 5. 25.〉

⑥ 법 제69조제1항제4호에서 “대통령령으로 정하는 사업을 영위하는 자로서 수출입 비중 등이 대통령령으로 정하는 기준을 충족하는 자”란 다음 각 호의 어느 하나에 해당하는 사업을 영위하는 자 중 입주기업체 선정 공고일(수의계약으로 입주계약을 체결하기 위해 입주기업체 선정 공고를 하지 않는 경우에는 입주계약 체결 예정일을 말한다) 직전 3년의 기간 중 총 매출액 대비 수출액이 100분의 5 이상인 기간이 연속하여 1년 이상인 자를 말한다. 〈개정 2021. 5. 25., 2025. 3. 11.〉

1. 전자상거래업
2. 소프트웨어 개발 및 공급업
3. 전기통신업
4. 컴퓨터 프로그래밍, 시스템 통합 및 관리업
5. 정보서비스업
6. 연구개발업
7. 보안시스템 서비스업

⑦ 법 제69조제1항제5호에서 “수출입거래 비중 등이 대통령령으로 정하는 기준을 충족하는 자”란 입주기업체 선정 공고일(수의계약

으로 입주계약을 체결하기 위해 입주기업체 선정 공고를 하지 않는 경우에는 입주계약 체결 예정일을 말한다) 직전 3년의 기간 중 총매출액 대비 수출입거래 비중이 100분의 50 이상인 기간이 연속하여 1년 이상인 자를 말한다. 〈개정 2021. 5. 25., 2025. 3. 11.〉

⑧ 법 제69조제1항제6호에서 "대통령령으로 정하는 사업"이란 「자유무역지역의 지정 및 운영에 관한 법률 시행령」 제7조제8항 각 호의 업종 및 이에 준하는 사업으로서 관리지침에서 정하는 사업을 말한다. 〈개정 2021. 5. 25.〉

⑨ 법 제69조제1항제7호에서 "대통령령으로 정하는 사업"이란 다음 각 호의 어느 하나에 해당하는 사업을 말한다. 〈개정 2021. 5. 25.〉

1. 법 제2조제5호라목에 따른 항만친수시설의 관리·운영을 위해 관련 법령에 따른 인가·허가 등을 받은 사업

2. 법 제2조제5호라목에 따른 항만친수시설의 관리·운영에 관해 국가나 지방자치단체로부터 위탁받은 사업

⑩ 법 제69조제2항에서 "대통령령으로 정하는 기준"이란 다음 각 호의 사항을 말한다. 〈개정 2021. 5. 25.〉

1. 법 제58조제2항에 따라 준공확인증명서를 교부받은 날부터 5년이 경과하였을 것

2. 입주자격을 갖춘 자가 입주하고 남은 토지의 면적이 법 제51조에 따라 승인 또는 변경승인 받은 항만배후단지개발사업실시계획상의 항만배후단지 면적의 100분의 30 이하일 것

⑪ 관리기관은 제10항에 따른 기준을 충족하는 경우 관리지침에서 정하는 바에 따라 해양수산부장관과의 협의를 거쳐 추가로 제조업을 영위하는 자를 입주하게 할 수 있다. 〈개정 2021. 5. 25., 2022. 7. 4.〉

제71조(우선입주) ① 법 제70조제2호에 따라 우선적으로 입주계약을 체결할 수 있는 자는 입주기업체 선정 공고일 직전 1년 동안의 수출액이 해당 기간 총매출액의 100분의 40 이상인 자로 한다. 〈개

정 2024. 5. 28.〉

② 법 제70조제3호에 따라 우선적으로 입주계약을 체결할 수 있는 자는 법 제69조제1항제2호의2에 따른 국내복귀기업으로서 국내복귀 이전 1년 동안의 총매출액에서 국내로의 수출액을 제외한 매출액의 비중이 100분의 40 이상인 자로 한다. 〈개정 2024. 5. 28.〉

[전문개정 2021. 5. 25.]

제72조(입주계약의 체결 등) ① 법 제71조제1항에 따라 입주계약 또는 변경계약(입주계약을 변경하려는 경우에 체결하는 계약을 말한다. 이하 같다)을 체결하려는 자는 해양수산부령으로 정하는 신청서를 관리기관에 제출해야 한다.

② 입주계약에 따른 업종(「통계법」 제22조제1항에 따라 통계청장이 작성·고시하는 산업에 관한 표준분류상의 세세분류단위를 기준으로 한다) 또는 면적을 변경하려는 경우에는 법 제71조제1항 후단에 따라 변경계약을 체결해야 한다.

③ 관리기관은 제1항에 따라 입주계약 또는 변경계약의 신청을 받으면 7일 이내에 그 입주계약 또는 변경계약 체결 여부를 결정하여 신청인에게 통지해야 한다.

제73조(입주계약이 해지된 토지 또는 공장등의 처분) ① 법 제72조제1항 또는 제2항에 따라 입주계약이 해지된 자(이하 이 조에서 "입주계약해지자"라 한다)가 1종 항만배후단지에 소유하는 토지나 공장·건축물 또는 그 밖의 시설(이하 "공장등"이라 한다)을 법 제73조제2항에 따라 양도하려면 양도계획서에 해양수산부령으로 정하는 서류를 첨부하여 관리기관에 제출해야 한다.

② 입주계약해지자는 그 입주계약이 해지된 날부터 6개월 이내에 토지 또는 공장등을 입주자격이 있는 자에게 양도해야 한다. 이 경우 토지 또는 공장등에 대해 경매나 그 밖에 법률에 따른 절차가 진행 중일 때에는 그 절차가 진행된 날은 전단에 따른 기간의 계산에서 제외한다.

③ 입주계약해지자는 제2항에 따른 기간 내에 토지 또는 공장등

을 양도하지 못한 경우에는 처분신청서에 해양수산부령으로 정하는 서류를 첨부하여 관리기관에 제출해야 한다.

④ 제3항에 따른 처분신청서를 받은 관리기관은 인터넷 홈페이지에 게시하는 등의 방법으로 그 매각에 관한 사항을 공고하여 양수인을 선정해야 한다.

⑤ 입주계약해지자는 관리기관으로부터 양수인을 추천받으면 지체 없이 양도에 관한 협상을 시작하여 그 추천을 받은 날부터 6개월 이내에 매매계약을 체결해야 한다.

제74조(토지 또는 공장등의 처분) 법 제74조제2항 및 제4항에 따라 토지 또는 공장등을 양수한 자는 그 양수한 날부터 3개월 이내에 관리기관과 입주계약 또는 변경계약을 체결해야 한다.

제75조(이자 및 비용) 법 제74조제3항 본문 및 단서에서 "대통령령으로 정하는 이자 및 비용"이란 다음 각 호의 금액을 말한다.

1. 양도할 1종 항만배후단지 토지의 취득가격에 그 취득일부터 양도일까지의 생산자물가상승률(「한국은행법」 제86조에 따라 한국은행이 조사·발표하는 생산자물가지수에 따라 산정된 비율을 말한다)을 곱하여 계산한 금액

2. 양도할 1종 항만배후단지 토지의 취득에 따른 취득세, 그 밖의 제세공과금. 다만, 1종 항만배후단지의 토지를 취득한 자에게 책임이 있는 사유로 추징된 세금은 제외한다.

3. 양도할 1종 항만배후단지 토지의 유지·보존 또는 개량을 위해 지출한 비용

제76조(경매 등에 의해 취득한 토지 또는 공장등의 사용 등) 법 제75조제1항제1호 본문에 따라 입주계약(변경계약을 포함한다. 이하 이 조에서 같다)을 체결하려는 자는 토지 또는 공장등을 취득한 날부터 3개월 이내에 입주계약 체결을 신청해야 한다.

제77조(공동시설의 관리비 등 징수) ① 법 제77조제1항에 따른 공동시설의 관리·운영비는 각 입주기업체가 공동시설을 이용하여 얻는 수익의 정도에 따라 산정한 금액으로 한다. 다만, 입주기업체별

로 수익의 정도를 산정하기가 곤란한 경우에는 입주기업체의 건물면적·대지면적 또는 종업원의 수를 종합적으로 고려하여 관리기관이 정하여 공고하는 기준에 따라 산정할 수 있다. 〈개정 2023. 6. 7.〉

② 관리기관은 공동시설의 관리·운영비를 1종 항만배후단지 운영상황에 따라 월별 또는 분기별로 징수할 수 있다.

제6장 항만에 관한 비용 등

제78조(비용의 보조 등) ① 법 제80조제1항에 따라 보조 또는 융자할 수 있는 비용은 다음 각 호와 같다.

1. 간선도로의 건설비
2. 녹지의 건설비
3. 이주대책사업비
4. 항만시설용지의 조성비 및 매입비
5. 도로·통신시설 등의 기반시설 중 사업시행자의 부담으로 하기에 적당하지 않은 시설의 설치비용
6. 사업구역 밖의 간선도로·광역상수도시설 등 항만배후단지개발사업을 추진하기 위해 필요한 시설 중 사업시행자의 부담으로 하기에 적당하지 않은 시설의 설치비용
7. 그 밖에 항만배후단지개발사업을 위해 특히 필요한 공공시설의 설치비용

② 법 제80조제2항에서 "대통령령으로 정하는 기반시설"이란 다음 각 호의 시설을 말한다.

1. 도로 및 철도
2. 용수공급시설 및 통신시설
3. 하수도시설, 공공폐수처리시설 및 폐기물처리시설
4. 항만배후단지 안의 공동구(共同溝)
5. 집단 에너지공급시설
6. 그 밖에 항만배후단지개발사업을 위해 특히 필요한 공공시설로서 해양수산부령으로 정하는 시설

제79조(전기시설 등의 설치) ① 해양수산부장관 또는 시·도지사는 항만개발사업실시계획을 수립하거나 비관리청이 시행하는 항만개발사업실시계획 또는 항만배후단지개발사업실시계획을 승인한 경우에는 지체 없이 법 제80조제3항에 따른 전기·통신·가스 및 지역난방 시설의 설치의무자에게 그 사실을 통지해야 한다. 〈개정 2020. 12. 29.〉

② 법 제80조제3항에 따른 전기·통신·가스 및 지역난방 시설의 설치는 특별한 사유가 없으면 「건축법」 제22조에 따른 사용승인일 또는 임시사용승인일까지 완료해야 한다.

제7장 감독

제80조(행정처분) ① 해양수산부장관 또는 시·도지사는 법 제83조제1항에 따라 처분 또는 명령을 한 경우에는 그 처분 또는 명령을 받은 자의 성명 또는 명칭, 위반 내용, 행정처분 내용 및 기간 등을 관보 또는 공보에 고시해야 한다. 〈개정 2020. 12. 29.〉

② 법 제83조제1항제7호에서 "대통령령으로 정하는 기간"이란 법 제42조제1항 본문에 따른 항만시설 사용료의 납부기간이 종료된 날부터 3개월을 말한다.

제81조(반출 통보 등) ① 해양수산부장관 또는 시·도지사는 법 제86조제1항 본문에 따라 화물의 반출 통보 또는 독촉통보를 할 때에는 해당 화물의 품목·수량, 최초 장치일(藏置日) 및 반출기한과 반출하지 않을 때의 조치내용 등을 명시해야 한다. 〈개정 2020. 12. 29.〉

② 법 제86조제1항 단서에 따른 공고는 제1항에 따른 통보내용을 관보 또는 공보에 고시하거나 일간신문에 게재하고, 항만이용자가 보기 쉬운 장소에 20일 이상 게시하는 방법으로 한다. 〈개정 2020. 12. 29.〉

제82조(장기체류화물의 매각) ① 해양수산부장관 또는 시·도지사는 법 제86조제1항 본문에 따른 독촉통보 또는 같은 항 단서에 따른 공고에서 정한 기간 내에 반출하지 않은 화물(이하 "장기체류화물"

이라 한다) 중 제83조 각 호의 어느 하나에 해당하는 화물을 제외한 화물은 매각해야 한다. 〈개정 2020. 12. 29.〉

② 제1항에 따른 매각은 공매의 방법으로 한다. 다만, 해당 물건의 가액이 공매비용에 미치지 못할 것으로 예상되는 경우에는 수의계약으로 매각할 수 있다.

③ 해양수산부장관 또는 시·도지사는 제2항 본문에 따라 공매하는 경우에는 다음 각 호의 사항을 미리 공고해야 한다. 〈개정 2020. 12. 29.〉

1. 공매할 화물의 명칭 및 내용
2. 공매의 장소 및 일시
3. 입찰보증금을 받는 경우에는 그 금액
4. 그 밖에 해양수산부장관 또는 시·도지사가 필요하다고 인정하는 사항

④ 해양수산부장관 또는 시·도지사는 제2항에 따른 매각처분으로 취득한 금액에서 매각비용, 각종 세금과 공과금 및 항만시설 사용료를 뺀 후 남은 금액이 있을 때에는 「공탁법」에 따라 공탁해야 한다. 〈개정 2020. 12. 29.〉

⑤ 제1항부터 제4항까지에서 규정한 사항 외에 장기체류화물의 매각에 필요한 사항은 해양수산부장관 또는 시·도지사가 정한다. 〈개정 2020. 12. 29.〉

제83조(장기체류화물의 폐기) 해양수산부장관 또는 시·도지사는 장기체류화물 중 다음 각 호의 어느 하나에 해당하는 화물은 폐기해야 한다. 〈개정 2020. 12. 29.〉

1. 사람의 생명이나 재산을 해칠 우려가 있는 물품
2. 부패 또는 변질된 물품
3. 실용시효가 지난 물품
4. 상품가치를 상실한 물품
5. 그 밖에 제1호부터 제4호까지의 규정에 준하는 물품으로서 해양수산부장관 또는 시·도지사가 정하는 물품

제84조(장기체류화물의 국가 또는 시·도 귀속) 해양수산부장관 또는 시·도지사는 제82조에 따라 매각되지 않은 장기체류화물은 국가 또는 시·도에 귀속시켜야 한다. 〈개정 2020. 12. 29.〉

[제목개정 2020. 12. 29.]

제8장 공용부담 및 손실보상

제85조(토지소유자에 대한 환지) ① 사업시행자는 법 제90조제1항에 따라 항만배후단지에 토지를 소유하고 있는 자에게 환지하여 주려는 경우 미리 다음 각 호의 기준에 따라 환지의 방법 및 절차 등을 정하여 항만배후단지개발계획에 반영해 줄 것을 요청해야 한다.

1. 환지의 대상이 되는 종전 토지의 가액은 보상공고 시 사업시행자가 협의를 위해 제시한 금액으로 하고, 환지의 가액은 해당 항만배후단지개발사업으로 조성된 토지의 분양가격을 기준으로 할 것
2. 환지면적은 종전의 토지 면적을 기준으로 하되, 지역 여건 및 항만배후단지개발사업의 토지 수급 상황 등을 고려하여 그 면적을 늘리거나 줄일 것
3. 종전의 토지가액과 환지가액 간의 차액은 현금으로 정산할 것

② 사업시행자는 법 제90조제1항에 따라 항만배후단지에서 환지를 실시하려는 경우에는 다음 각 호의 사항을 공고해야 한다.

1. 항만배후단지개발사업의 명칭 및 구역
2. 항만배후단지에 있는 토지에 대해 환지를 실시한다는 뜻
3. 환지 조건
4. 환지 신청 기간 및 협의 기간

③ 항만배후단지에 토지를 소유하고 있는 자가 법 제90조제1항에 따라 환지를 신청하려는 경우에는 제2항제4호에 따른 환지 신청 기간에 환지신청서에 토지사용계획서를 첨부하여 사업시행자에게 제출해야 한다.

④ 제3항에 따른 환지 신청을 받은 사업시행자는 제2항제4호에 따른 협의 기간에 환지를 신청한 토지소유자와 협의해야 한다.

第86조(토지매수업무 등의 위탁) ① 사업시행자는 법 제91조제1항에 따라 관할 지방자치단체 또는 공공기관에 토지매수업무, 손실보상업무 및 이주대책업무 등을 위탁하려는 경우에는 다음 각 호의 사항에 관한 협약을 체결해야 한다.

1. 위탁사업의 사업지

2. 위탁사업의 종류 · 규모 · 금액 및 기간

3. 위탁사업에 필요한 비용의 지급방법과 그 자금의 관리에 관한 사항

4. 위탁자가 부동산 · 기자재 또는 근로자를 제공하는 경우에는 그 관리에 관한 사항

5. 위험부담에 관한 사항

6. 그 밖에 위탁사업의 내용을 명백히 하는 데에 필요한 사항

② 사업시행자는 제1항에 따라 협약을 체결한 경우에는 협약을 체결한 기관의 명칭 등 협약 체결사실과 그 내용을 인터넷 홈페이지에 공고해야 한다.

③ 법 제91조제1항에서 "대통령령으로 정하는 공공기관"이란 다음 각 호의 기관을 말한다. 〈개정 2020. 12. 8.〉

1. 「한국부동산원법」에 따른 한국부동산원

2. 「한국농어촌공사 및 농지관리기금법」에 따른 한국농어촌공사

3. 「한국수자원공사법」에 따른 한국수자원공사

4. 「한국토지주택공사법」에 따른 한국토지주택공사

④ 법 제91조제2항에 따른 위탁수수료의 기준은 「공익사업을 위한 토지 등의 취득 및 보상에 관한 법률 시행령」 별표 1에 따른다.

第87조(재결의 신청) ① 법 제93조제4항에 따라 재결을 신청하는 경우 해양수산부장관(제93조에 따라 해양수산부장관의 권한을 위임받은 자를 포함한다. 이하 이 조에서 같다) 또는 시 · 도지사의 처분이나 해양수산부장관 또는 시 · 도지사가 시행하는 개발사업과 관련된 것은 「공익사업을 위한 토지 등의 취득 및 보상에 관한 법률」 제49조에 따른 중앙토지수용위원회에 신청하고, 그 밖의 것은 같은

조에 따른 지방토지수용위원회에 신청해야 한다. 〈개정 2020. 12. 29.〉

② 제1항에 따라 재결을 신청하려는 자는 해양수산부령으로 정하는 재결신청서에 다음 각 호의 사항을 적어 관할 토지수용위원회에 제출해야 한다. 〈개정 2020. 12. 29.〉

1. 재결신청자와 상대방의 성명 또는 명칭 및 주소
2. 손실 발생의 사실
3. 해양수산부장관, 시·도지사, 비관리청 및 사업시행자가 결정한 손실보상액과 재결신청자가 산출한 손실액의 명세
4. 협의의 경과

제9장 보칙

제88조(다른 국가사업과의 관계) 행정청은 법 제96조제1항에 따라 해양수산부장관 또는 시·도지사와 협의하거나 그 승인을 받으려는 경우에는 제13조 또는 제44조제1항에 따른 절차를 준용한다. 〈개정 2020. 12. 29.〉

제89조(행위 제한 등) ① 법 제97조제1항에 따라 허가를 받아야 하는 행위는 다음 각 호와 같다. 〈개정 2020. 8. 26., 2023. 1. 10.〉

1. 건축물의 건축 등: 「건축법」 제2조제1항제2호에 따른 건축물(가설건축물을 포함한다)의 건축, 대수선 또는 용도변경
2. 인공 구조물의 설치: 인공을 가하여 제작한 시설물(「건축법」 제2조제1항제2호에 따른 건축물은 제외한다)의 설치
3. 토지의 형질변경: 절토(切土: 땅깎기)·성토(盛土: 흙쌓기)·정지(整地: 땅고르기)·포장(鋪裝) 등의 방법으로 토지의 형상을 변경하는 행위, 토지의 굴착 및 공유수면의 매립
4. 토석의 채취: 흙·모래·자갈·바위 등의 토석(土石)을 채취하는 행위. 다만, 토지의 형질변경을 목적으로 하는 것은 제3호에 따른다.
5. 수산동식물의 포획·채취 또는 양식: 「수산업법」 제2조제8호·

제17호에 따른 입어·유어(遊漁) 및 「양식산업발전법」 제2조제1호에 따른 양식

6. 토지분할

7. 물건을 쌓아 놓는 행위: 이동이 쉽지 않은 물건을 1개월 이상 쌓아 놓는 행위

8. 죽목(竹木)을 베거나 심는 행위

② 법 제97조제2항제2호에서 "경작을 위한 토지의 형질변경 등 대통령령으로 정하는 행위"란 다음 각 호의 행위를 말한다.

1. 경작을 위한 토지의 형질변경

2. 항만배후단지개발사업에 지장을 주지 않고 경관을 손상하지 않는 범위에서의 토석의 채취

3. 경작지가 아닌 토지에서의 관상용 죽목의 임시 식재(植栽)

③ 법 제97조제3항에 따라 공사 또는 사업을 시작한 자가 신고하려는 경우에는 항만배후단지가 지정·고시된 날부터 30일 이내에 해양수산부령으로 정하는 신고서에 그 공사 또는 사업의 진행사항과 시행계획을 첨부하여 해양수산부장관 또는 관할 특별자치도지사·시장·군수·구청장에게 제출해야 한다.

제90조(인가·허가등 의제를 위한 일괄협의회) ① 해양수산부장관 또는 시·도지사는 법 제99조제1항에 따른 인가·허가등 의제를 위한 일괄협의회(이하 "일괄협의회"라 한다)를 개최하려는 경우에는 회의 개최 7일 전까지 회의 개최 계획을 관계 행정기관의 장에게 알려야 한다. 〈개정 2020. 12. 29.〉

② 제1항에 따라 통지를 받은 관계 행정기관의 장은 일괄협의회의 회의에서 법 제98조제1항 각 호의 인가·허가등의 의제에 대한 의견을 제출해야 한다. 다만, 법령 검토 및 사실 확인 등을 위한 추가 검토가 필요하여 해당 인가·허가등에 대한 의견을 일괄협의회의 회의에서 제출하기 어려운 경우에는 일괄협의회의 회의를 개최한 날부터 5일 이내에 그 의견을 제출할 수 있다.

③ 제1항 및 제2항에서 규정한 사항 외에 일괄협의회의 운영 등

에 필요한 사항은 해양수산부장관 또는 시·도지사가 정한다. 〈개정 2020. 12. 29.〉

제91조(권리·의무의 이전) 법 제101조제1항 단서에서 "상속 등 대통령령으로 정하는 사유"란 다음 각 호의 사유를 말한다.

1. 상속
2. 법인의 인수·합병
3. 법원의 재판

제92조(정관의 기재사항) 협회의 정관에는 다음 각 호의 사항이 포함되어야 한다.

1. 목적
2. 명칭
3. 주된 사무소의 소재지
4. 회원의 가입 및 탈퇴에 관한 사항
5. 사업 및 그 집행에 관한 사항
6. 임원의 정원·임기 및 선출방법에 관한 사항
7. 총회 및 이사회에 관한 사항
8. 조직 및 운영에 관한 사항
9. 자산 및 회계에 관한 사항
10. 정관의 변경에 관한 사항
11. 그 밖에 협회의 운영에 필요하다고 해양수산부장관이 인정하는 사항

제93조(권한의 위임) ① 해양수산부장관은 법 제104조제1항에 따라 법 제3조제2항제1호 및 같은 조 제3항제1호의 국가관리무역항 및 국가관리연안항에 관한 다음 각 호의 권한을 지방해양수산청장에게 위임한다. 〈개정 2022. 7. 4., 2023. 6. 7.〉

1. 법 제2조제5호 각 목 외의 부분 후단에 따른 항만시설의 지정·고시
2. 법 제9조제1항에 따른 항만개발사업의 시행
3. 법 제9조제2항부터 제4항까지의 규정, 같은 조 제6항 및 제8

항에 따른 항만개발사업의 시행허가·변경허가 및 그 통지

4. 법 제9조제3항제5호에 따른 타당성 검토

5. 법 제9조제9항에 따른 항만개발사업의 시행 및 허가의 고시

6. 법 제10조제1항·제2항·제5항 및 제6항에 따른 항만개발사업실시계획의 수립, 변경, 공고, 승인, 변경승인, 신고의 수리, 승인 신청 또는 신고 기한의 연장

7. 법 제10조제3항에 따른 토지, 물건 또는 권리의 소유자 및 권리자에 대한 통보 및 세부목록의 별도 작성·공고

7의2. 법 제11조 단서에 따른 항만개발사업의 준공기한 연기

8. 법 제12조제1항에 따른 항만개발사업 완료의 공고

9. 법 제12조제3항에 따른 항만개발사업의 준공확인 및 준공확인 증명서의 발급

10. 법 제12조제6항에 따른 준공 전 사용신고의 수리

11. 법 제13조에 따른 부수공사의 시행

12. 법 제14조에 따른 항만개발사업의 대행

13. 법 제15조제1항 본문 및 같은 조 제3항(법 제60조제1항에 따라 준용되는 경우를 포함한다)에 따른 항만시설의 국가 귀속 조치 및 국가에 귀속된 항만시설의 무상사용 허가

14. 법 제16조에 따른 토지의 매도청구에 따른 매각 등의 조치

15. 법 제18조제1항 단서에 따른 임대 허가

16. 법 제19조제2항에 따른 신고의 수리 및 같은 조 제3항에 따른 무상사용 허가

17. 법 제20조에 따른 항만의 관리 및 항만운영세칙의 제정·운영

18. 법 제21조에 따른 분구의 설정

19. 법 제22조에 따른 항만대장의 작성·비치

20. 법 제23조에 따른 항만관리법인의 지정·감독

21. 법 제24조 및 제25조에 따른 항만시설관리권의 설정 및 등록·변경등록

22. 법 제28조제2항부터 제4항까지의 규정에 따른 출입통제, 출

입통제의 해제 및 공고

23. 법 제31조제2항에 따른 시설장비의 설치 · 철거 신고의 수리

24. 법 제33조에 따른 시설장비의 검사 및 수수료의 징수

25. 법 제34조에 따른 검사의 면제

26. 법 제38조제1항에 따른 안전점검 및 같은 조 제2항에 따른 항만시설 안전점검 등에 관한 조치

27. 법 제41조에 따른 항만시설의 사용허가 및 항만시설 사용신고의 수리

28. 법 제42조에 따른 항만시설 사용료의 징수 및 면제, 사용료 대납업무에 드는 경비의 지급, 항만시설운영자 또는 임대계약자의 사용료의 요율 및 징수방법 등에 관한 신고의 수리

29. 법 제43조(법 제60조제1항에 따라 준용되는 경우를 포함한다)에 따른 비관리청 또는 사업시행자의 사용방법, 사용료의 요율 및 징수방법 등에 관한 신고의 수리 및 항만시설의 관리 · 운영에 필요한 명령

30. 법 제51조에 따른 항만배후단지개발사업실시계획의 승인 · 변경승인, 의견수렴, 고시 및 관계 서류의 송부

31. 법 제58조에 따른 항만배후단지개발사업의 준공확인, 준공확인증명서 발급, 보완시공 등 명령 및 준공 전 사용신고의 수리

32. 법 제59조에 따른 공사완료의 공고

33. 법 제61조에 따른 토지의 매도청구에 따른 매각 등의 조치

34. 법 제82조에 따른 사용료 등의 강제징수

35. 법 제83조제1항 및 제3항에 따른 법령위반 등에 대한 처분 · 명령 및 고시(권한이 위임된 사항의 법령위반 등에 대한 처분 · 명령 및 고시로 한정한다)

36. 법 제84조에 따른 처분 등

37. 법 제85조에 따른 보고명령 및 출입검사

38. 법 제86조에 따른 장기체류 화물의 처리

39. 법 제87조에 따른 타인 토지에의 출입, 토지의 일시 사용 및

장애물의 변경·제거

40. 법 제88조에 따른 노무 제공의 요청, 토지 등의 일시 사용, 공작물 등의 변경·제거 및 흙·돌 등의 사용·수용

41. 법 제89조에 따른 토지 등의 수용·사용

42. 법 제93조 또는 제94조에 따른 손실의 보상

43. 법 제95조에 따른 손실의 보상 또는 손실 방지 시설의 설치

44. 법 제96조에 따른 협의 또는 승인

45. 법 제98조제3항에 따른 관계 행정기관의 장과의 협의

46. 법 제100조에 따른 청문(권한이 위임된 사항에 관한 청문으로 한정한다)

47. 법 제101조에 따른 권리·의무 이전의 인가(권한이 위임된 사항에 관한 인가로 한정한다)

48. 법 제105조에 따른 수수료의 징수

49. 법 제113조에 따른 과태료의 부과 및 징수(같은 조 제1항제7호, 제8호 및 제16호에 따른 위반사항에 대한 것은 제외한다)

50. 제24조제2항 및 제3항(제27조제2항 및 법 제61조제2항에 따라 준용되는 경우를 포함한다)에 따른 감정평가법인등의 지정 및 토지가액의 평가

② 해양수산부장관은 법 제104조제1항에 따라 법 제3조제2항제2호 및 같은 조 제3항제2호의 지방관리무역항 및 지방관리연안항에 관한 다음 각 호의 권한을 시·도지사에게 위임한다. 이 경우 시·도지사는 해양수산부장관의 승인을 받아 그 위임받은 권한을 시장·군수 또는 구청장에게 재위임할 수 있다. 〈개정 2020. 12. 29., 2022. 7. 4.〉

1. 법 제2조제5호 각 목 외의 부분 후단에 따른 항만시설의 지정·고시

2. 삭제 〈2022. 7. 4.〉

3. 삭제 〈2022. 7. 4.〉

4. 삭제 〈2022. 7. 4.〉

5. 삭제 〈2022. 7. 4.〉

6. 법 제113조제1항제11호, 제12호(법 제85조제2항에 따라 해양수산부장관 또는 법 제66조제2항제1호에 해당하는 관리기관의 자료제출 요청 및 출입검사에 관한 부분으로 한정한다), 제13호(항만배후단지개발사업실시계획의 작성 등을 위한 조사·측량 또는 항만배후단지개발사업의 시행을 위한 경우로 한정한다), 제14호(항만배후단지개발사업실시계획의 작성 등을 위한 조사·측량 또는 항만배후단지개발사업의 시행을 위한 경우로 한정한다) 및 제15호에 따른 과태료의 부과 및 징수

제94조(업무의 위탁) 해양수산부장관은 법 제104조제2항에 따라 다음 각 호의 업무를 협회에 위탁한다.

1. 법 제103조제1호에 따른 국제협력사업의 발굴, 관리, 조사 및 정보 제공

2. 법 제103조제2호에 따른 인적 교류 및 관련 인력에 대한 교육훈련

3. 법 제103조제3호에 따른 해외항만개발사업 진출 자문 및 기술지원

4. 법 제103조제4호에 따른 항만 관련 정보의 국제적 교환 및 홍보 업무 중 관련 정보시스템의 구축·운영

5. 법 제103조제5호에 따른 항만 관련 국제기구 및 원조 관련 기관과의 협력 업무 중 협력사업 발굴 및 국제행사 개최

6. 법 제103조제6호에 따른 항만 및 항만 산업 관련 기업의 해외시장 진출 지원

제95조(규제의 재검토) 해양수산부장관은 제54조에 따른 사업시행자의 지정, 지정취소 및 변경에 대하여 2023년 1월 1일을 기준으로 3년마다(매 3년이 되는 해의 기준일과 같은 날 전까지를 말한다) 그 타당성을 검토하여 개선 등의 조치를 해야 한다.

[전문개정 2023. 3. 7.]

제10장 벌칙

제96조(과태료의 부과기준) 법 제113조제1항 및 제2항에 따른 과태료의 부과기준은 별표 7과 같다.

부칙 〈제30876호, 2020. 7. 28.〉

제1조(시행일) 이 영은 2020년 7월 30일부터 시행한다.

제2조(항만개발사업실시계획의 승인 신청 시 첨부서류에 관한 적용례) 제18조제1항제5호, 제6호 및 제8호의 개정규정은 이 영 시행 이후 항만개발사업실시계획의 승인을 신청하는 경우부터 적용한다.

제3조(항만개발사업실시계획의 변경승인에 관한 적용례) 제18조제3항 후단의 개정규정은 이 영 시행 이후 항만개발사업실시계획의 변경승인을 신청하는 경우부터 적용한다.

제4조(항만배후단지개발사업실시계획의 승인 신청 시 첨부서류에 관한 적용례) 제55조제1항제8호의 개정규정은 이 영 시행 이후 항만배후단지개발사업실시계획의 승인 또는 변경승인을 신청하는 경우부터 적용한다.

제5조(안전점검 실시 기산일에 관한 특례) 대통령령 제25637호 항만법 시행령 일부개정령의 시행일인 2014년 9월 24일 전에 설치된 항만시설에 대해 별표 6의 개정규정을 적용할 때에는 2014년 9월 24일을 항만시설의 준공일 또는 사용승인일로 본다.

제6조(처분 등에 관한 일반적 경과조치) 이 영 시행 당시 종전의 「항만법 시행령」에 따른 행정기관의 행위나 행정기관에 대한 행위는 그에 해당하는 이 영에 따른 행정기관의 행위나 행정기관에 대한 행위로 본다.

제7조(항만개발사업실시계획의 단계별 승인 신청에 관한 경과조치) 이 영 시행 전에 종전의 「항만법」 제9조제2항 각 호 외의 부분 본문에 따라 시행허가를 신청한 항만공사에 대해서는 제18조제2항의 개정규정에도 불구하고 종전의 「항만법 시행령」 제13조제2항에 따른다.

제8조(화물의 조립 · 가공 · 포장 · 제조 등을 위한 시설의 항만개발사업실시계획 승인에 관한 경과조치) 이 영 시행 전에 종전의 「항만법」 제10조제4항에 따라 해양수산부장관에게 항만공사실시계획이 신고된 경우에는 제19조제1항제3호의 개정규정에도 불구하고 종전의 「항만법 시행령」 제14조제1항에 따른다.

제9조(국가에 귀속되지 않는 토지의 가액 산정방법에 관한 경과조치) 대통령령 제29138호 항만법 시행령 일부개정령의 시행일인 2018년 9월 4일 전에 비관리청이 시행허가를 신청한 항만공사에 대해서는 제24조제2항 및 제3항의 개정규정에도 불구하고 종전의 「항만법 시행령」(대통령령 제29138호로 개정되기 전의 것을 말한다) 제18조제3항에 따른다.

제10조(국가에 귀속되지 않는 시설에 관한 경과조치) 이 영 시행 전에 종전의 「항만법」 제9조제2항 각 호 외의 부분 본문에 따라 비관리청이 시행허가를 신청한 항만공사에 대해서는 제24조제4항의 개정규정에도 불구하고 종전의 「항만법 시행령」 제18조제1항에 따른다.

제11조(총사업비의 범위에 관한 경과조치) ① 대통령령 제25298호 항만법 시행령 일부개정령의 시행일인 2014년 4월 8일 전에 비관리청이 시행허가를 신청한 항만공사에 대해서는 제25조의 개정규정에도 불구하고 종전의 「항만법 시행령」(대통령령 제25298호로 개정되기 전의 것을 말한다) 제19조에 따른다.

② 대통령령 제29138호 항만법 시행령 일부개정령의 시행일인 2018년 9월 4일 전에 비관리청이 시행허가를 신청한 항만공사에 대해서는 제25조의 개정규정에도 불구하고 종전의 「항만법 시행령」(대통령령 제29138호로 개정되기 전의 것을 말한다) 제19조에 따른다.

제12조(귀속 항만시설의 무상사용에 관한 경과조치) 대통령령 제29138호 항만법 시행령 일부개정령의 시행일인 2018년 9월 4일 전에 비관리청이 시행허가를 신청한 항만공사에 대해서는 제26조제1항의 개정규정에도 불구하고 종전의 「항만법 시행령」(대통령령 제29138호로 개정되기 전의 것을 말한다) 제20조제2항에 따른다.

제13조(항만배후단지개발사업의 제안 절차에 관한 경과조치) 이 영 시행 전에 종전의 「항만법 시행령」 제58조제5항에 따라 제안자에게 통보한 항만배후단지개발사업에 대해서는 제50조제6항의 개정규정에도 불구하고 종전의 「항만법 시행령」 제58조제6항에 따른다.

제14조(다른 법령의 개정) ① 국가통합교통체계효율화법 시행령 일부를 다음과 같이 개정한다.

별표 1 항만개발사업의 수립시기란 중 "항만공사실시계획"을 "항만개발사업실시계획"으로 한다.

② 국토기본법 시행령 일부를 다음과 같이 개정한다.

별표 제2호마목의 국토계획평가 요청서의 제출 시기란 중 "해양수산부장관이 관계 중앙행정기관의 장 및 관계 시 · 도지사와 협의할 때"를 "해양수산부장관이 관계 시 · 도지사의 의견을 듣고 관계 중앙행정기관의 장과 협의할 때"로 한다.

③ 군사기지 및 군사시설 보호법 시행령 일부를 다음과 같이 개정한다.

제8조의2제1항 각 호 외의 부분 중 "「항만법 시행령」 제2조제1항"을 "「항만법 시행령」 제3조제1항"으로 한다.

④ 기업활동 규제완화에 관한 특별조치법 시행령 일부를 다음과 같이 개정한다.

제10조의2제4호 중 "「항만법」 제2조제5호나목(2) 및 (4)"를 "「항만법」 제2조제5호나목2) 및 4)"로 한다.

⑤ 도시재생 활성화 및 지원에 관한 특별법 시행령 일부를 다음과 같이 개정한다.

제45조제4항제13호를 다음과 같이 한다.

13. 「항만 재개발 및 주변지역 발전에 관한 법률」 제2조제4호에 따른 항만재개발사업 및 「항만법」 제2조제6호에 따른 항만개발사업

⑥ 민방위기본법 시행령 일부를 다음과 같이 개정한다.

별표 3의2 제1호마목 중 "「항만법」 제2조제5호나목(3)"을 "「항만법」 제2조제5호나목3)"으로 한다.

⑦ 법인세법 시행령 일부를 다음과 같이 개정한다.

제24조제1항제2호자목 중 "「항만법」 제16조"를 "「항만법」 제24조"로 한다.

제26조제1항제8호 중 "「항만법」 제16조"를 "「항만법」 제24조"로 한다.

⑧ 비상사태등에 대비하기 위한 해운 및 항만 기능 유지에 관한 법률 시행령 일부를 다음과 같이 개정한다.

제11조제1항 중 "「항만법 시행령」 제28조제1항제1호"를 "「항만법 시행령」 제46조제1항제1호"로 하고, 같은 조 제2항 중 "「항만법 시행령」 제28조제1항제1호 및 제4호"를 "「항만법 시행령」 제46조제1항제1호 및 제4호"로 한다.

⑨ 산지관리법 시행령 일부를 다음과 같이 개정한다.

별표 1 제3호서목 중 "항만공사"를 "항만개발사업"으로, "법 제42조"를 "법 제45조"로 한다.

⑩ 선박교통관제에 관한 법률 시행령 일부를 다음과 같이 개정한다.

제8조제1항제1호나목 중 "「항만법」 제2조제5호가목(1)"을 "「항만법」 제2조제5호가목1)"로, "같은 목 (4)"를 "같은 목 4)"로 한다.

⑪ 선박안전법 시행령 일부를 다음과 같이 개정한다.

제2조제1항제3호가목1) 중 "「항만법」 제29조의3제1항"을 "「항만법」 제39조제1항"으로 한다.

⑫ 시설물의 안전 및 유지관리에 관한 특별법 시행령 일부를 다음과 같이 개정한다.

별표 1 비고 제5호 중 "「항만법」 제2조제5호가목(2)"를 "「항만법」 제2조제5호가목2)"로 하고, 같은 비고 제6호 중 "「항만법」 제2조제5호가목(4)"를 "「항만법」 제2조제5호가목4)"로 한다.

별표 13 비고 제2호 중 "「항만법」 제2조제5호가목(4)"를 "「항만법」 제2조제5호가목4)"로 한다.

⑬ 외국인투자 촉진법 시행령 일부를 다음과 같이 개정한다.

제25조제1항제3호다목 중 "같은 조 제7호"를 "같은 조 제10호"로 한다.

별표 5 제79호 중 "항만공사"를 "항만개발사업"으로 한다.

⑭ 응급의료에 관한 법률 시행령 일부를 다음과 같이 개정한다.

제26조의4제2항제3호 중 "「항만법」제2조제5호나목(3)"을 "「항만법」 제2조제5호나목3)"으로 한다.

⑮ 자연재해대책법 시행령 일부를 다음과 같이 개정한다.

제55조제10호 중 "「항만법」 제2조제5호가목(2)"를 " 「항만법」 제2조제5호가목2)"로 한다.

별표 1 제1호마목3) 중 "「항만법」 제41조"를 "「항만법」 제44조"로 하고, 같은 표 제2호바목2) 중 "항만공사실시계획"을 "항만개발사업실시계획"으로 한다.

⑯ 자유무역지역의 지정 및 운영에 관한 법률 시행령 일부를 다음과 같이 개정한다.

제40조제7항 각 호 외의 부분 단서 및 같은 조 제11항 각 호 외의 부분 중 "「항만법」 제16조"를 각각 "「항만법」 제24조"로 한다.

⑰ 재난 및 안전관리 기본법 시행령 일부를 다음과 같이 개정한다.

제7조제11호 중 "항만공사"를 "항만개발사업"으로 한다.

⑱ 지방세기본법 시행령 일부를 다음과 같이 개정한다.

별표 3 제299호 중 "항만공사실시계획"을 "항만개발사업실시계획"으로, "항만공사의 준공"을 "항만개발사업의 준공"으로 한다.

⑲ 지진·화산재해대책법 시행령 일부를 다음과 같이 개정한다.

제11조의4제1항제5호 중 "「항만법」제2조제5호나목(3)"을 "「항만법」 제2조제5호나목3)"으로 한다.

⑳ 지하안전관리에 관한 특별법 시행령 일부를 다음과 같이 개정한다.

별표 1 제4호라목1) 중 "「항만법」 제9조제6항에 따른 항만공사의 고시"를 "「항만법」 제9조제9항에 따른 항만개발사업의 고시"로 하고, 같은 목 3) 중 "항만공사"를 "항만개발사업"으로 한다.

㉑ 토지이용규제 기본법 시행령 일부를 다음과 같이 개정한다.

별표 2 제41호 중 "「항만법」 제42조"를 "「항만법」 제45조"로 한다.

㉒ 항로표지법 시행령 일부를 다음과 같이 개정한다.

제21조제3호 중 "「항만법 시행령」 제28조제2항"을 "「항만법 시행령」 제46조제2항"으로 한다.

㉓ 항만공사법 시행령 일부를 다음과 같이 개정한다.

제7조제3항제1호 중 "물양장(物揚場)"을 "소형선 부두"로 하고, 같은 항 제2호부터 제5호까지 중 "「항만법 시행령」 제13조"를 각각 "「항만법 시행령」 제18조"로 한다.

제14조제1항제8호 중 "항만공사실시계획"을 "항만개발사업실시계획"으로, "항만공사의"를 "항만개발사업의"로 한다.

제29조의3제1호 중 "「항만법」 제88조제1항"을 "「항만법」 제23조제1항"으로 한다.

㉔ 항만시설관리권 등록령을 다음과 같이 개정한다.

제1조 중 "「항만법」제19조제2항"을 "「항만법」제25조제3항"으로 한다.

제2조 중 "「항만법」(이하 "법"이라 한다) 제16조제1항"을 "「항만법」(이하 "법"이라 한다) 제24조제1항"으로 한다.

제21조 중 "항만공사"를 "항만개발사업"으로 한다.

㉕ 항만지역등 대기질 개선에 관한 특별법 시행령 일부를 다음과 같이 개정한다.

제7조제2호 중 "「항만법」 제30조"를 "「항만법」 제42조"로 한다.

제10조제1항 각 호 외의 부분 중 "「항만법」 제2조제5호가목(4)"를 "「항만법」 제2조제5호가목4)"로 한다.

㉖ 해사안전법 시행령 일부를 다음과 같이 개정한다.

별표 2의3 제1호가목3) 중 "「항만법」 제2조제5호가목(1)"을 "「항만법」 제2조제5호가목1)"로 하고, 같은 호 다목2) 중 "「항만법」 제2조제5호가목(1)"을 "「항만법」 제2조제5호가목1)"로 한다.

㉗ 해양공간계획 및 관리에 관한 법률 시행령 일부를 다음과 같

이 개정한다.

별표 제4호나목을 다음과 같이 한다.

나. 「항만법」 제44조제1항에 따른 항만배후단지개발 종합계획	「항만법」 제44조제3항에 따라 해양수산부장관이 관계 중앙행정기관의 장과 협의하기 전

별표 비고 제1호가목 중 "「항만법」 제41조제1항"을 "「항만법」 제44조제1항"으로 하고, 같은 비고 제4호마목 중 "「항만법」 제41조제3항 단서"를 "「항만법」 제44조제4항 후단"으로 한다.

㉘ 해양산업클러스터의 지정 및 육성 등에 관한 특별법 시행령 일부를 다음과 같이 개정한다.

제8조제3항 중 "「항만법」 제16조"를 "「항만법」 제24조"로 한다.

㉙ 해양환경 보전 및 활용에 관한 법률 시행령 일부를 다음과 같이 개정한다.

별표 1 제33호 중 "「항만법」 제41조"를 "「항만법」 제44조"로 한다.

㉚ 해운법 시행령 일부를 다음과 같이 개정한다.

제23조의5 중 "「항만법」 제30조제5항 단서"를 "「항만법」 제42조제1항 단서"로 한다.

㉛ 환경영향평가법 시행령 일부를 다음과 같이 개정한다

별표 3 제4호나목 협의 요청시기란의 가) 및 같은 호 다목 협의 요청시기란의 가) 중 "「항만법」 제9조제6항에 따른 항만공사"를 각각 "「항만법」 제9조제9항에 따른 항만개발사업"으로 한다.

제15조(다른 법령과의 관계) 이 영 시행 당시 다른 법령에서 종전의 「항만법 시행령」의 규정을 인용하고 있는 경우 이 영 중 그에 해당하는 규정이 있을 때에는 종전의 규정을 갈음하여 이 영의 해당 규정을 인용한 것으로 본다.

부칙 〈제30977호, 2020. 8. 26.〉 (양식산업발전법 시행령)

제1조(시행일) 이 영은 2020년 8월 28일부터 시행한다.
제2조 및 제3조 생략
제4조(다른 법령의 개정) ①부터 ㉜까지 생략

㉝ 항만법 시행령 일부를 다음과 같이 개정한다.

제25조제1항제4호 중 “어업권”을 “어업권 · 양식업권”으로 한다.

제89조제1항제5호를 다음과 같이 한다.

5. 수산동식물의 포획 · 채취 또는 양식: 「수산업법」 제2조제10호 · 제19호에 따른 입어 · 유어(遊漁) 및 「양식산업발전법」 제2조제1호에 따른 양식

㉞부터 ㊲까지 생략

제5조 생략

부칙 〈제31243호, 2020. 12. 8.〉 (한국부동산원법 시행령)

제1조(시행일) 이 영은 2020년 12월 10일부터 시행한다.
제2조(다른 법령의 개정) ①부터 ㉜까지 생략

㉝ 항만법 시행령 일부를 다음과 같이 개정한다.

제86조제3항제1호를 다음과 같이 한다.

1. 「한국부동산원법」에 따른 한국부동산원

부칙 〈제31332호, 2020. 12. 29.〉

이 영은 2021년 1월 1일부터 시행한다.

부칙 〈제31438호, 2021. 2. 9.〉 (해양조사와 해양정보 활용에 관한 법률 시행령)

제1조(시행일) 이 영은 2021년 2월 19일부터 시행한다.
제2조 및 제3조 생략
제4조(다른 법령의 개정) ①부터 ⑬까지 생략

⑭ 항만법 시행령 일부를 다음과 같이 개정한다.

제22조제2호를 다음과 같이 한다.

2. 준설공사의 경우: 「해양조사와 해양정보 활용에 관한 법률」 제21조에 따른 해양정보 사본

⑮부터 ⑰까지 생략

제5조 생략

부칙 〈제31705호, 2021. 5. 25.〉

이 영은 2021년 6월 9일부터 시행한다.

부칙 〈제31986호, 2021. 9. 14.〉 (건설기술 진흥법 시행령)

제1조(시행일) 이 영은 공포한 날부터 시행한다. 〈단서 생략〉

제2조 생략

제3조(다른 법령의 개정) ①부터 ㉔까지 생략

㉕ 항만법 시행령 일부를 다음과 같이 개정한다.

제22조제1호 중 "건설기술용역사업자"를 "건설엔지니어링사업자"로 하고, 제25조제1항제5호가목 중 "건설기술용역비"를 "건설엔지니어링비"로 한다.

㉖ 생략

부칙 〈제32763호, 2022. 7. 4.〉

제1조(시행일) 이 영은 2022년 7월 5일부터 시행한다.

제2조(조성토지의 분양·임대 계획서의 제출 및 분양·임대 공고에 관한 적용례) 제64조제1항 및 제3항의 개정규정은 이 영 시행 이후 취득하는 조성토지부터 적용한다.

부칙 〈제33225호, 2023. 1. 10.〉 (수산업법 시행령)

제1조(시행일) 이 영은 2023년 1월 12일부터 시행한다.

제2조 부터 제9조까지 생략

제10조(다른 법령의 개정) ①부터 ㊵까지 생략

㊶ 항만법 시행령 일부를 다음과 같이 개정한다.

제89조제1항제5호 중 "「수산업법」 제2조제10호ㆍ제19호"를 "「수산업법」 제2조제8호ㆍ제17호"로 한다.

㊷부터 ㊽까지 생략

제11조 생략

부칙 〈제33321호, 2023. 3. 7.〉 (규제 재검토기한 정비를 위한 55개 법령의 일부개정에 관한 대통령령)

이 영은 공포한 날부터 시행한다.

부칙 〈제33515호, 2023. 6. 7.〉

제1조(시행일) 이 영은 2023년 6월 28일부터 시행한다.

제2조(종전 협약에 관한 경과조치) 이 영 시행 전에 종전의 법 제27조제3항에 따라 전담기관이 항만건설통합정보체계를 관리ㆍ운영하도록 하기 위하여 체결한 협약은 제34조제2항의 개정규정에 따라 체결한 업무 위탁 협약으로 본다.

부칙 〈제34153호, 2024. 1. 16.〉 (해상교통안전법 시행령)

제1조(시행일) 이 영은 2024년 1월 26일부터 시행한다. 〈단서 생략〉

제2조 부터 제5조까지 생략

제6조(다른 법령의 개정) ①부터 ⑥까지 생략

⑦ 항만법 시행령 일부를 다음과 같이 개정한다.

제12조제3호다목 중 "「해사안전법」 제15조제5항"을 "「해상교통안전법」 제13조제5항"으로 한다.

⑧ 및 ⑨ 생략

제7조 생략

부칙 〈제34480호, 2024. 4. 30.〉

이 영은 2024년 5월 1일부터 시행한다. 다만, 제7조제1항제1호부터 제4호까지의 개정규정은 공포한 날부터 시행한다.

부칙 〈제34491호, 2024. 5. 7.〉 (매장유산 보호 및 조사에 관한 법률 시행령)

제1조(시행일) 이 영은 2024년 5월 17일부터 시행한다.

제2조(다른 법령의 개정) ①부터 ⑯까지 생략

⑰ 항만법 시행령 일부를 다음과 같이 개정한다.

제18조제1항제7호 중 "「매장문화재 보호 및 조사에 관한 법률」"을 "「매장유산 보호 및 조사에 관한 법률」"로, "매장문화재 지표조사"를 "매장유산 지표조사"로, "문화재 보존"을 "국가유산 보존"으로 한다.

제3조 생략

부칙 〈제34533호, 2024. 5. 28.〉 (한시적 규제유예 등 민생경제 활력 제고를 위한 32개 법령의 일부개정에 관한 대통령령)

제1조(시행일) 이 영은 공포한 날부터 시행한다. 〈단서 생략〉

제2조 부터 제6조까지 생략

부칙 〈제34550호, 2024. 6. 4.〉 (강원특별자치도 설치 및 미래산업글로벌도시 조성을 위한 특별법 시행령)

제1조(시행일) 이 영은 2024년 6월 8일부터 시행한다.

제2조 부터 제4조까지 생략

제5조(다른 법령의 개정) ①부터 ㊵까지 생략

㊶ 항만법 시행령 일부를 다음과 같이 개정한다.

별표 1 제1호커목의 위치란, 같은 호 터목의 위치란, 같은 호 퍼목의 위치란, 같은 호 허목의 위치란 및 같은 호 고목의 위치란 중 "강원도"를 각각 "강원특별자치도"로 하고, 같은 표 제2호터목의 위치란 중 "강원도"를 "강원특별자치도"로 한다.

㊷부터 ㊹까지 생략

부칙 〈제35089호, 2024. 12. 24.〉 (전북특별자치도 설치 및

글로벌생명경제도시 조성을 위한 특별법 시행령)
제1조(시행일) 이 영은 2024년 12월 27일부터 시행한다.
제2조 부터 제5조까지 생략
제6조(다른 법령의 개정) ①부터 ㉜까지 생략
㉝ 항만법 시행령 일부를 다음과 같이 개정한다.
별표 1 제1호자목의 위치란 및 수상구역란 중 “전라북도”를 각각 “전북특별자치도”로 하고, 같은 표 제2호바목의 위치란 중 “전라북도”를 “전북특별자치도”로 한다.
㉞ 생략

부칙 〈제35246호, 2025. 2. 7.〉 (한국국토정보공사법 시행령)
제1조(시행일) 이 영은 2025년 2월 21일부터 시행한다.
제2조 생략
제3조(다른 법령의 개정) ①부터 ⑱까지 생략
⑲ 항만법 시행령 일부를 다음과 같이 개정한다.
제21조제4호 및 제59조제1항제2호 중 “「국가공간정보 기본법」 제12조에 따라 설립된 한국국토정보공사”를 각각 “「한국국토정보공사법」에 따른 한국국토정보공사”로 한다.
⑳ 생략

부칙 〈제35261호, 2025. 2. 13.〉 (국가유산영향진단법 시행령)
제1조(시행일) 이 영은 2025년 2월 14일부터 시행한다.
제2조(다른 법령의 개정) ①부터 ③까지 생략
④ 항만법 시행령 일부를 다음과 같이 개정한다.
제18조제1항제7호를 다음과 같이 한다.
7. 「국가유산영향진단법」 제11조제1항에 따른 진단보고서 및 같은 법 제13조제2항에 따른 필요한 조치의 이행 결과(같은 법 제9조

제1항에 따른 영향진단의 대상 사업으로 한정한다)
제3조 생략

부칙 〈제35378호, 2025. 3. 11.〉
이 영은 공포한 날부터 시행한다.

별표 / 서식
[별표 1] 항만의 구분 · 명칭 · 위치 및 구역(제3조제1항 관련)
[별표 2] 국가관리무역항과 지방관리무역항의 구분(제3조제2항 관련)
[별표 3] 국가관리연안항과 지방관리연안항의 구분(제3조제3항 관련)
[별표 4] 국가 또는 시 · 도에 귀속되는 토지의 범위(제24조제1항제1호 관련)
[별표 5] 시설장비(제38조 관련)
[별표 6] 정기안전점검 · 정밀안전점검 · 긴급안전점검의 실시 시기 등(제41조제1항 관련)
[별표 7] 과태료의 부과기준(제96조 관련)

항만법 시행규칙

[시행 2025. 4. 1.] [해양수산부령 제727호, 2025. 4. 1., 일부개정]

제29조(준공확인 신청 등)
제30조(준공 전 사용의 신고)
제31조(토지의 매도청구)
제32조(관리기관 지정 신청)
제33조(입주계약 등의 신청)
제34조(시정기간)
제35조(토지 등의 처분 신청)
제36조(잔무 처리)
제37조(공동시설)
제38조(우선지원 대상 기반시설)
제39조(행정처분 기준 등)
제40조(타인 토지에의 출입 등)
제41조(재결신청서)
제42조(공사 또는 사업의 시작 신고)
제43조(권리 · 의무의 이전 인가 신청)
제44조(수수료)
제45조(규제의 재검토)

**개정 예정 법률 밑줄 별도 표시.

항만법 시행규칙

[시행 2025. 4. 1.] [해양수산부령 제727호, 2025. 4. 1., 일부개정]

제1조(목적) 이 규칙은 「항만법」 및 같은 법 시행령에서 위임된 사항과 그 시행에 필요한 사항을 규정함을 목적으로 한다.

제2조(항만지원시설) 「항만법」(이하 "법"이라 한다) 제2조제5호다목8)에서 "해양수산부령으로 정하는 것"이란 다음 각 호의 시설을 말한다. 〈개정 2022. 7. 4., 2025. 4. 1.〉

1. 항만운송사업 등 항만 관련 사업을 경영하는 사람의 업무용 시설
2. 항만 관련 회의 및 장비 전시 등을 위한 시설
3. 여객운송사업자의 업무용 시설 및 여객의 편의제공시설 등을 수용하기 위한 종합여객시설
4. 항만에서 일하는 사람 및 여객 등을 위한 상업용 시설, 체육시설
5. 항만에 입항·출항하는 선박의 수리를 위한 수리조선(修理造船) 시설 및 장비
6. 항만개발사업에서 발생하는 준설토(浚渫土)의 투기(投棄)를 위한 시설
7. 항만 운영 및 관리 등을 위한 해양관측시설
8. 선박 등에 전기를 공급하기 위한 시설
9. 「해양환경관리법」 제38조에 따른 오염물질저장시설
10. 「지능정보화 기본법」 제40조제1항에 따른 데이터센터
11. 「도심항공교통 활용 촉진 및 지원에 관한 법률」 제2조제3호

에 따른 버티포트

제3조(시행계획의 수립 등) ① 해양수산부장관은 다음 각 호의 어느 하나에 해당하는 때에는 법 제5조제3항에 따른 시행계획(이하 "시행계획"이라 한다)을 수립해야 한다.

1. 법 제5조제1항에 따라 항만기본계획을 수립한 때
2. 법 제7조제1항에 따라 항만기본계획을 변경한 때

② 시행계획에는 다음 각 호의 사항이 포함되어야 한다.

1. 5년 단위의 항만개발 및 투자계획
2. 항만별 항만개발의 내용, 규모 및 필요한 자금 등 세부내용
3. 그 밖에 항만기본계획의 시행에 필요한 사항

제4조(항만기본계획의 고시) 해양수산부장관은 항만기본계획을 수립하거나 변경한 경우에는 법 제8조에 따라 법 제6조제1항 각 호의 사항을 관보 및 해양수산부의 인터넷 홈페이지에 고시해야 한다.

제5조(항만개발사업 시행·변경의 허가) ① 「항만법 시행령」(이하 "영"이라 한다) 제13조제1항에 따른 항만개발사업 시행(변경) 허가 신청서는 별지 제1호서식과 같다.

② 영 제13조제2항제1호에서 "해양수산부령으로 정하는 설계도서"란 다음 각 호의 도서(圖書)를 말한다.

1. 축척 5천분의 1 이상의 위치도
2. 사용 또는 점용 면적의 산출을 위한 구적도(求積圖)
3. 단면도(토목공사인 경우만 해당한다)
4. 평면도, 정면도 및 측면도(건축 또는 기계 설비인 경우만 해당한다)

③ 영 제13조제2항제6호에서 "투자비 보전계획서 등 해양수산부령으로 정하는 서류"란 법 제9조제7항에 따라 공고한 항만개발사업의 시행허가를 받으려는 경우에 제출해야 하는 서류로서 다음 각 호의 서류를 말한다.

1. 투자비 보전계획서
2. 그 밖에 지방해양수산청장이나 특별시장·광역시장·도지사 또

는 특별자치도지사(이하 "시·도지사"라 한다)가 필요하다고 인정하여 제6조제2항에 따른 공고 시에 제출하도록 명시한 서류

④ 영 제13조제4항에 따라 항만시설의 유지·보수에 관한 항만개발사업의 시행·변경 허가를 받으려는 자는 별지 제2호서식의 항만시설 유지·보수 항만개발사업 시행(변경) 허가신청서에 다음 각 호의 도면을 첨부하여 지방해양수산청장 또는 시·도지사에게 제출해야 한다. 다만, 변경 허가를 신청하는 경우에는 변경된 사항에 해당하는 도면만 첨부할 수 있다.

1. 평면도
2. 단면도(토목공사인 경우만 해당한다)
3. 정면도 및 측면도(건축 또는 기계 설비인 경우만 해당한다)

⑤ 법 제9조제3항제3호에서 "재원조달능력 등 해양수산부령으로 정하는 기준"이란 다음 각 호의 구분에 따른 기준을 말하며, 그 구체적인 내용은 해양수산부장관이 정하여 고시한다. 다만, 영 제13조제4항에 따른 항만시설의 유지·보수에 관한 항만개발사업의 경우에는 제1호의 기준을 적용하지 않는다.

1. 재원조달능력의 적정성: 신용도 및 자금조달계획을 통해 판단
2. 사업계획의 적정성: 건설계획 및 운영계획을 통해 판단
3. 참여자의 적정성: 실수요자 참여 여부 및 항만 운영·사용 실적을 통해 판단
4. 총사업비의 적정성: 산출근거 및 총사업비 집행계획을 통해 판단

제6조(공고 대상 항만개발사업 등) ① 관리청은 법 제9조제7항에 따라 영 제16조에 해당하는 항만개발사업을 매년 1월 말까지 공고해야 한다. 다만, 항만시설의 안전 확보 및 급격한 경제상황 변동 등으로 시급성이 요구되는 항만개발사업은 그 시기와 관계 없이 공고할 수 있다. 〈개정 2020. 12. 28.〉

② 지방해양수산청장 또는 시·도지사는 제1항에 따라 공고된 사업 중 관할 항만개발사업의 허가에 관한 사항을 해당 기관의 인터

넷 홈페이지와 관보에 공고해야 한다. 이 경우 공고에는 다음 각 호의 사항이 포함되어야 한다.

1. 항만명 및 항만개발사업의 종류
2. 항만개발사업의 목적
3. 항만개발사업의 장소 · 규모 · 기간 및 방법
4. 제3항에 따라 해양수산부장관이 정하여 고시하는 심사 기준
5. 허가시기
6. 허가신청 요령
7. 그 밖에 항만개발사업 시행 허가의 신청에 필요한 사항

③ 법 제9조제8항에서 "항만개발사업계획, 재원조달능력 등 해양수산부령으로 정하는 기준"이란 다음 각 호의 사항을 말하며, 그 구체적인 내용은 해양수산부장관이 정하여 고시한다.

1. 제5조제5항 각 호의 기준
2. 투자비 보전계획의 적정성

④ 지방해양수산청장 또는 시 · 도지사는 법 제9조제7항에 따른 공고 대상 항만개발사업의 시행 · 변경 허가에 관한 사항을 심사하기 위해 항만개발사업심사위원회를 둔다.

⑤ 제4항에 따른 항만개발사업심사위원회는 항만개발사업의 시행 · 변경 허가의 신청이 제3항에 따른 기준에 적합한지를 심사하며, 항만개발사업심사위원회의 구성 및 운영 방법은 해양수산부장관이 정하는 기준에 따라 지방해양수산청장 또는 시 · 도지사가 정한다.

제7조(항만개발사업의 고시) 법 제9조제9항에 따른 항만개발사업의 고시에는 다음 각 호의 사항이 포함되어야 한다.

1. 항만개발사업 시행자의 성명 및 주소(법인인 경우에는 법인의 명칭 · 주소와 대표자의 성명 · 주소를 말한다)
2. 항만명
3. 항만개발사업의 명칭 및 장소
4. 항만개발사업의 개요
5. 항만개발사업의 기간

6. 항만개발사업에 필요한 총사업비

제8조(항만개발사업실시계획의 승인 및 신고) ① 영 제18조제1항에 따른 항만개발사업실시계획 승인(변경)신청서는 별지 제3호서식과 같다.

② 법 제10조제2항 단서에 따라 항만개발사업실시계획 중 경미한 사항을 변경하려는 자는 별지 제4호서식의 항만개발사업실시계획 변경 신고서에 다음 각 호 중 변경되는 사항에 해당하는 서류를 첨부하여 지방해양수산청장 또는 시·도지사에게 제출해야 한다.

1. 축척 5천분의 1 이상의 위치도 및 허가구역을 표시한 실측지적평면도(변경 전·후의 것을 말한다)

2. 사업시행자의 성명 또는 주소의 변경을 확인할 수 있는 서류

3. 변경된 항만개발사업실시설계도서상의 총사업비 명세 및 예정공정표

③ 영 제19조제2항에 따른 항만개발사업실시계획 신고서는 별지 제5호서식과 같다.

제9조(비관리청 항만개발사업의 시행기간 연장) ① 법 제11조 단서에서 "해양수산부령으로 정하는 사유"란 다음 각 호의 어느 하나에 해당하는 사유를 말한다. 〈개정 2020. 12. 28., 2023. 6. 19.〉

1. 항만기본계획의 변경 또는 항만개발사업 여건의 변화 등 법 제9조제2항 각 호 외의 부분 본문에 따라 허가를 받은 자(이하 "비관리청"이라 한다)의 책임이 없는 사유

2. 그 밖에 지방해양수산청장 또는 시·도지사가 항만개발사업의 착수시기 또는 준공기한의 연기가 불가피하다고 인정하여 고시하는 사유

② 제1항제2호의 사유로 항만개발사업의 착수시기 또는 준공기한을 연기하는 경우로서 비관리청의 귀책사유가 있는 경우에는 2년을 초과하여 연기할 수 없다. 〈개정 2023. 6. 19.〉

제10조(항만개발사업의 준공보고서 등) ① 비관리청은 법 제12조제2항에 따라 항만개발사업의 준공확인을 받으려는 경우에는 별지 제

6호서식의 항만개발사업 준공보고서에 다음 각 호의 서류를 첨부하여 지방해양수산청장 또는 시·도지사에게 제출해야 한다. 〈개정 2020. 12. 28.〉

1. 준공조서(준공설계도서 및 준공사진을 포함한다)

2. 시장·군수·구청장(자치구의 구청장을 말한다. 이하 같다), 「공간정보의 구축 및 관리 등에 관한 법률」 제44조제2항에 따라 측량업의 등록을 한 자 또는 「국가공간정보 기본법」 제12조에 따라 설립된 한국국토정보공사가 발행하는 지적측량성과도

3. 준공 후의 토지 및 시설 등의 도면

4. 준공 전·후의 토지 및 시설의 대비표

5. 총사업비 명세서(법 제15조제1항 본문에 따라 국가 또는 시·도에 귀속되는 시설에 관한 부분만 해당한다)

6. 하자보수 보증보험증권(법 제15조제1항 본문에 따라 국가 또는 시·도에 귀속되는 시설에 관한 부분만 해당하고, 하자담보책임기간 및 하자보수보증금률에 관하여는 「국가를 당사자로 하는 계약에 관한 법률 시행규칙」 제70조 및 제72조를 준용한다)

② 법 제12조제3항에 따른 준공확인증명서는 별지 제7호서식과 같다.

제11조(준공 전 사용의 신고) ① 비관리청은 법 제12조제5항 단서에 따라 준공확인증명서를 받기 전에 항만개발사업으로 조성된 토지 또는 항만시설을 사용하려는 경우에는 지방해양수산청장 또는 시·도지사에게 신고해야 한다.

② 비관리청은 제1항에 따라 신고를 하려는 경우에는 별지 제8호서식의 준공 전 사용신고서에 다음 각 호의 서류를 첨부하여 지방해양수산청장 또는 시·도지사에게 제출해야 한다.

1. 사용하려는 토지 또는 항만시설의 공정 현황

2. 사용하려는 토지 또는 항만시설의 도면 및 사진

제12조(감정평가법인등의 지정) ① 지방해양수산청장 또는 시·도지사는 영 제24조제2항에 따라 감정평가법인등(「감정평가 및 감정평

가사에 관한 법률」 제2조제4호의 감정평가법인등을 말한다. 이하 같다)을 지정하려는 경우에는 다음 각 호의 사항을 10일 이상 공고한 후 신청자 중에서 추첨하여 지정해야 한다. 〈개정 2022. 7. 4.〉

1. 평가대상 토지의 위치 및 면적
2. 토지 조성공사의 준공 또는 준공예정 연월일
3. 감정평가법인등의 추첨 일시 및 장소
4. 지정하려는 감정평가법인등의 수
5. 감정평가법인등의 지정신청서 제출기한 및 제출기관
6. 감정평가법인등 지정 신청 시 제출서류(사업자등록증 및 감정평가사 등록증 사본 또는 감정평가법인 설립인가서의 사본을 포함한다)
7. 그 밖에 감정평가법인등의 지정을 위해 지방해양수산청장 또는 시·도지사가 필요하다고 인정하는 사항

② 지방해양수산청장 또는 시·도지사는 제1항에 따라 공고를 했을 때에는 그 공고 사항을 지체 없이 「감정평가 및 감정평가사에 관한 법률」 제33조에 따른 한국감정평가사협회에 통보해야 한다.

③ 지방해양수산청장 또는 시·도지사는 제1항에 따른 공고 결과 지정신청서를 제출한 감정평가법인등이 둘 이하인 경우에는 5일 이상 재공고하되, 재공고에도 불구하고 지정신청서를 제출한 감정평가법인등이 둘 이하인 경우에는 지정신청서를 제출한 자를 포함하여 직권으로 감정평가법인등을 지정한다.

④ 지방해양수산청장 또는 시·도지사는 제1항 또는 제3항에 따라 감정평가법인등을 지정했을 때에는 지체 없이 그 내용을 해당 비관리청에 통보해야 한다.

제13조(국가 또는 시·도에 귀속되지 않는 전용 항만시설) ① 영 제24조제4항제3호 각 목 외의 부분 전단에서 "해양수산부령으로 정하는 시설"이란 다음 각 호의 시설을 말한다.

1. 비관리청이 화주(貨主)인 화물의 취급과 관련하여 설치하는 시설
2. 비관리청이 특정 화주의 화물을 취급하기 위해 설치하는 액체화물저장시설

② 영 제24조제4항제3호 각 목 외의 부분 후단에서 "해양수산부령으로 정하는 시설"이란 다음 각 호의 시설을 말한다. 〈개정 2022. 7. 4.〉

1. 비관리청의 자회사(「상법」 제342조의2제1항에 따른 자회사를 말한다. 이하 이 항에서 같다) 또는 계열회사(「독점규제 및 공정거래에 관한 법률」에 따른 계열회사를 말한다. 이하 이 항에서 같다)가 화주인 화물의 취급과 관련하여 설치하는 화물의 유통시설·판매시설

2. 비관리청의 자회사 또는 계열회사가 특정 화주의 화물을 취급하기 위해 설치하는 사일로, 저유시설(貯油施設), 가스저장시설 및 액체화물저장시설

[제목개정 2020. 12. 28.]

제14조(사업기간 연장의 귀책사유) 영 제25조제1항제6호 단서에서 "해양수산부령으로 정하는 비관리청의 귀책사유로 사업기간이 연장된 경우"란 다음 각 호의 어느 하나에 해당하는 경우를 말한다.

1. 비관리청이 고의로 개발사업을 지연시킨 경우

2. 비관리청의 과실로 항만개발사업실시계획에서 정한 시기에 준공확인을 받지 못해 사업기간이 연장된 경우

3. 항만개발사업에 필요한 사업비의 부족으로 항만개발사업이 지연된 경우

제15조(총사업비 산정 시 제외되는 비용) 영 제25조제3항제3호에서 "비관리청이 전용할 목적으로 시행하는 수역시설의 준설에 드는 비용 등 해양수산부령으로 정하는 비용"이란 다음 각 호의 비용을 말한다.

1. 비관리청이 전용할 목적으로 시행하는 수역시설의 준설 및 유지·보수에 드는 비용

2. 비관리청이 전용할 목적으로 설치한 계류시설의 접안수역 준설 및 유지·보수에 드는 비용

제16조(국가 또는 시·도에 귀속되거나 기부채납된 항만시설의 무상사용 허가) 법 제15조제3항 또는 제19조제3항에 따라 국가 또는

시·도에 귀속되거나 기부채납된 항만시설의 무상사용 허가를 받으려는 자는 별지 제9호서식의 국가 또는 시·도에 귀속되거나 기부채납된 항만시설의 무상사용 허가 신청서에 다음 각 호의 서류를 첨부하여 지방해양수산청장 또는 시·도지사에게 제출해야 한다. 〈개정 2022. 7. 4.〉

1. 시설사용계획서 및 사업계획서
2. 축척 1천200분의 1의 사용위치 실측도

[제목개정 2022. 7. 4.]

제17조(토지의 매도청구) 법 제16조제1항에 따라 토지의 매도를 청구하려는 자는 별지 제10호서식의 토지매도청구서에 매도청구한 토지의 예상 매각가격 산출서를 첨부하여 지방해양수산청장 또는 시·도지사에게 제출해야 한다.

제18조(전용 목적의 토지·항만시설의 임대허가) ① 법 제18조제1항 단서에 따라 토지·항만시설의 임대허가를 받으려는 자는 별지 제11호서식의 임대허가 신청서에 임대계약서 사본을 첨부하여 지방해양수산청장 또는 시·도지사에게 제출해야 한다. 〈개정 2022. 7. 4., 2023. 6. 19.〉

② 지방해양수산청장 또는 시·도지사는 법 제18조제1항 단서에 따라 비관리청의 토지·항만시설에 대한 임대가 다음 각 호의 요건을 모두 갖춘 때에는 그 임대를 허가할 수 있다. 이 경우 임대허가를 받은 토지·항만시설에 대한 재임대는 허가할 수 없다. 〈개정 2022. 7. 4., 2023. 6. 19.〉

1. 전용 목적의 토지·항만시설의 전부에 대한 임대가 아닐 것
2. 토지·항만시설의 임대가 법 제6조제1항제6호에 따른 항만시설의 용도 및 법 제9조제2항 각 호 외의 부분 본문에 따른 허가의 목적에 변경을 초래하지 않을 것
3. 다음 각 목의 어느 하나에 해당할 것
   가. 토지·항만시설의 임대가 항만에서 일하는 사람 및 항만이용자의 편익증진을 위한 경우

나. 비관리청이 국가 또는 지방자치단체인 경우

다. 액체화물을 하역하거나 이송하기 위한 시설(계류시설을 포함한다)의 설치가 필요한 경우로서 지방해양수산청장 또는 시·도지사가 인정하는 경우

③ 법 제18조제1항 단서에 따라 관리청의 허가를 받아 토지 및 항만시설을 임대하는 경우의 임대료 징수 기준은 법 제42조제1항에 따른 항만시설 사용료의 종류와 요율(料率)에 준하여 해양수산부장관이 정하여 고시한다. <신설 2023. 6. 19.>

④ 법 제18조제1항 단서에 따라 관리청의 허가를 받아 토지 및 항만시설을 임대하는 경우의 임대료 징수 방법은 임대인과 임차인과의 계약으로 정한다. <신설 2023. 6. 19.>

제19조(비귀속 토지·항만시설의 양수신고) 비관리청이 법 제15조제1항 단서에 따라 취득한 토지 및 항만시설을 법 제19조제1항에 따라 양수한 자는 같은 조 제2항에 따라 별지 제12호서식의 양수신고서에 다음 각 호의 사항을 확인할 수 있는 서류를 첨부하여 지방해양수산청장 또는 시·도지사에게 신고해야 한다.

1. 양수한 토지 또는 항만시설의 명칭
2. 양수한 토지 또는 항만시설의 위치
3. 양수 사유 및 취득일
4. 양수가액
5. 양도자 정보(성명, 주소 및 업종 등)
6. 양수자 정보(성명, 주소 및 업종 등)
7. 그 밖에 양수 사실을 증명할 수 있는 서류

제20조(항만운영세칙) 법 제20조제2항에 따른 항만운영세칙에는 다음 각 호의 사항이 포함되어야 한다.

1. 항만시설의 명칭 및 위치
2. 항만운영계획도(항만구역의 경계, 항로, 정박지, 계류시설 및 구역별 명칭 등을 포함한다)
3. 선박의 입항 및 출항 신고 방법 및 절차 등

4. 항만시설 사용자의 준수사항

5. 그 밖에 지방해양수산청장 또는 시·도지사가 필요하다고 인정하는 사항

제21조(항만대장) ① 법 제22조제1항에 따른 항만대장(이하 "항만대장"이라 한다)은 별지 제13호서식과 같다.

② 항만대장에는 다음 각 호의 사항을 기재한 도면(항만의 지형 및 방위와 수심을 표시한 축척 5천분의 1의 평면도를 말한다)을 첨부해야 한다.

1. 항만구역
2. 행정구역의 명칭과 경계선
3. 철도 및 도로의 표시
4. 항만시설의 종류 및 위치
5. 항로 및 정박지

③ 지방해양수산청장 또는 시·도지사는 항만구역의 변동이나 항만시설의 신설·멸실 등의 사유로 항만대장 및 그 첨부서류의 내용에 변경이 생긴 경우에는 즉시 그 내용을 정정해야 한다.

제22조(항만관리법인의 지정신청) 영 제30조제1항에 따른 항만관리법인 지정신청서는 별지 제14호서식과 같다.

제23조(출입통제구역의 지정) 지방해양수산청장 또는 시·도지사는 법 제28조제2항 각 호의 장소를 출입통제구역으로 지정하려는 때에는 그 지정일 30일 전에 다음 각 호의 내용을 표지판으로 제작하여 출입통제구역 입구 등 일반인이 잘 볼 수 있는 곳에 설치하고, 관보 또는 공보, 지방해양수산청 또는 시·도의 게시판이나 인터넷 홈페이지 등을 통해 그 내용을 공고해야 한다.

1. 출입통제구역의 지정 사유
2. 출입통제구역의 위치 및 위치도
3. 출입통제 기간
4. 위반시 벌칙에 관한 사항
5. 그 밖에 출입통제구역의 지정과 관련하여 지방해양수산청장 또

는 시·도지사가 필요하다고 인정하는 사항

제24조(신기술 지원절차 등) ① 법 제37조제1항에 따른 신기술은 「해양수산과학기술 육성법」, 「건설기술 진흥법」및 그 밖의 관련 법률에 따라 인증이나 지정 등을 받고, 그 유효기간 내에 있는 신기술, 신공법 및 특허 등을 말한다.

② 법 제37조제2항에 따라 항만개발사업에의 적용을 장려할 신기술과 시험시공 지원 대상 등에 관한 사항을 심의하기 위해 신기술활용심의위원회를 둔다.

③ 법 제37조제2항에 따른 평가를 할 때에는 제2항에 따른 신기술활용심의위원회(이하 이 조에서 "위원회"라 한다)의 심의를 거쳐야 한다.

④ 위원회의 구성·운영, 법 제37조제2항에 따른 평가의 기준 및 시험시공 지원 대상 기술의 선정 절차 등에 관한 사항은 해양수산부장관이 정한다.

제25조(항만건설작업선에 대한 「선박안전법」의 적용특례) ① 법 제39조제1항에 따른 항만건설작업선(이하 "항만건설작업선"이라 한다)에 대해 「선박안전법」 제7조부터 제11조까지의 규정에 따른 검사를 실시할 때에는 별표 1에 따른 항만건설장비에 관한 검사사항을 포함하여 검사를 실시해야 한다.

② 「선박안전법 시행령」 제2조제1항제3호가목1) 또는 같은 호 나목1)에 따른 항만건설작업선에 해당하게 되어 「선박안전법」의 적용대상이 된 선박에 대한 최초 정기검사는 법 제39조제1항에 따라 「선박안전법」 제8조제1항 본문에도 불구하고 같은 법의 적용대상이 된 후 선박을 최초로 항해에 사용하는 때(제3항에 따라 「선박안전법」 제8조제1항에 따른 정기검사를 받은 것으로 보는 선박의 경우에는 제4항에 따른 선박검사증서의 유효기간이 만료되는 때를 말한다)에 실시한다.

③ 「건설기계관리법」 제13조제1항제2호에 따른 정기검사를 받은 준설선(같은 법 시행령 별표 1 제25호에 따른 준설선을 말하며, 같

은 법 제13조제1항제3호 또는 제4호에 따른 검사에 불합격한 준설선은 제외한다)이 그 검사의 유효기간 중에 항만건설작업선에 해당하게 된 경우에는 「선박안전법」 제7조제4항에 따른 별도건조검사 및 같은 법 제8조제1항에 따른 정기검사를 받은 것으로 본다.

④ 제3항에 따라 「선박안전법」 제8조제1항에 따른 정기검사를 받은 것으로 보는 항만건설작업선에 대해 「건설기계관리법」 제13조제4항에 따라 발급된 건설기계검사증은 「선박안전법」 제8조제2항에 따른 선박검사증서로 본다.

⑤ 대통령령 제29139호 선박안전법 시행령 일부개정령 부칙 제2조에 따라 제4항에 따른 선박검사증서의 유효기간은 「건설기계관리법」 제13조제4항에 따라 발급된 건설기계검사증의 유효기간에 1년을 더한 기간으로 한다.

⑥ 법 제39조제1항에 따라 항만건설작업선 중 「선박안전법 시행규칙」 제19조제3항제2호 또는 제3호에 해당하는 선박은 같은 호의 규정에도 불구하고 「선박안전법」 제9조제2항에 따른 제2종 중간검사를 받아야 한다.

⑦ 제6항에 따른 제2종 중간검사를 받아야 하는 시기는 「선박안전법」 제8조제1항에 따른 정기검사를 받은 날(제3항에 따라 같은 법 제8조제1항에 따른 정기검사를 받은 것으로 보는 경우에는 해당 「건설기계관리법」 제13조제1항제2호에 따른 정기검사를 받은 날은 제외한다)부터 2년 6개월이 되는 날의 전후(前後) 3개월 이내로 한다.

⑧ 제1항부터 제7항까지에서 규정한 사항 외에 항만건설작업선에 대해 「선박안전법」 제7조부터 제11조까지의 규정에 따라 검사를 실시하는 경우 그 검사의 절차, 방법 및 시기 등에 관하여는 같은 법의 해당 규정에 따른다.

제26조(신고 대상 항만시설) ① 법 제41조제1항 각 호 외의 부분 후단에서 “해양수산부령으로 정하는 항만시설”이란 다음 각 호의 시설을 말한다.

1. 창고 및 야적장

2. 항만시설용 부지
3. 여객이용시설
4. 항만 관련 업무용시설
5. 그 밖에 사용 사실의 신고가 필요하다고 해양수산부장관이 정하여 고시하는 항만시설

② 제1항 각 호에 따른 시설에 관한 구체적인 사항은 해양수산부장관이 정하여 고시한다.

제27조(사용료 대납업무 경비) ① 법 제42조제2항에 따라 항만시설 사용자의 사용료를 한꺼번에 대신하여 납부한 자에게 지급하는 대납업무 경비는 사용료 납입액의 100분의 3으로 한다.

② 제1항에 따른 대납업무 경비를 지급받으려는 자는 월 단위의 대납업무 경비 청구서를 작성하여 대납한 달의 다음 달 20일까지 지방해양수산청장 또는 시·도지사에게 제출해야 한다.

제28조(항만배후단지개발사업실시계획의 승인·변경신청) 영 제55조제1항에 따른 항만배후단지개발사업실시계획 승인(변경)신청서는 별지 제15호서식과 같다.

제29조(준공확인 신청 등) ① 영 제59조제1항에 따른 준공확인신청서는 별지 제16호서식과 같다.

② 법 제58조제2항에 따른 준공확인증명서는 별지 제17호서식과 같다.

제30조(준공 전 사용의 신고) 영 제60조에 따른 준공 전 사용신고서는 별지 제18호서식과 같다.

제31조(토지의 매도청구) 법 제61조제1항에 따라 토지의 매도를 청구하려는 자는 별지 제10호서식의 토지매도청구서에 매도청구한 토지의 예상 매각가격 산출서를 첨부하여 해양수산부장관 또는 지방해양수산청장에게 제출해야 한다.

제32조(관리기관 지정 신청) 영 제68조제2항에 따른 관리기관의 지정은 별지 제19호서식으로 신청한다.

제33조(입주계약 등의 신청) 법 제71조제1항 및 영 제72조제1항에

따라 입주계약 또는 변경계약(입주계약을 변경하려는 경우에 체결하는 계약을 말한다. 이하 같다)을 체결하려는 자는 별지 제20호서식의 입주계약 또는 변경계약 신청서에 다음 각 호의 서류를 첨부하여 법 제66조제1항에 따른 1종 항만배후단지관리기관(이하 "관리기관"이라 한다)에 제출해야 한다.

1. 사업계획서
2. 법 제69조제1항 각 호의 어느 하나에 해당함을 증명하는 서류
3. 해당 사업에 관한 인가·허가·면허·등록 등을 받았음을 증명하는 서류
4. 개인정보 수집 및 활용 동의서
5. 관련 법령에 따른 입주자격의 확인 등에 필요한 서류

제34조(시정기간) 법 제72조제2항 각 호 외의 부분 단서에서 "해양수산부령으로 정하는 기간"이란 1년을 말한다.

제35조(토지 등의 처분 신청) ① 법 제72조제1항 또는 제2항에 따라 입주계약이 해지된 자(이하 이 조에서 "입주계약해지자"라 한다)가 법 제73조제2항에 따라 1종 항만배후단지 안의 토지나 공장·건축물 또는 그 밖의 시설(이하 "공장등"이라 한다)을 양도하려는 경우에는 영 제73조제1항에 따라 별지 제21호서식의 양도계획서에 양도의 대상이 되는 물품의 명세서를 첨부하여 관리기관에 제출해야 한다.

② 입주계약해지자가 영 제73조제2항의 기간 내에 토지 또는 공장등을 양도하지 못한 경우에는 같은 조 제3항에 따라 별지 제21호서식의 처분신청서에 처분의 대상이 되는 물품의 명세서를 첨부하여 관리기관에 제출해야 한다.

③ 제2항에 따른 처분 신청을 받은 관리기관 담당자는 토지등기부 등본 또는 건물등기부 등본을 확인해야 한다.

제36조(잔무 처리) 법 제73조제1항에서 "해양수산부령으로 정하는 잔무 처리"란 입주계약의 해지 당시 체결되어 있는 수출 또는 수입계약의 이행과 물품의 재고 조사 및 처분을 말한다.

제37조(공동시설) 법 제77조제1항에서 "해양수산부령으로 정하는 시설"이란 도로, 가로등, 울타리, 체육시설 및 운동장을 말한다.
제38조(우선지원 대상 기반시설) 영 제78조제2항제6호에서 "해양수산부령으로 정하는 시설"이란 유수지(遊水池) 시설 및 광장을 말한다.
제39조(행정처분 기준 등) ① 법 제83조에 따른 행정처분 기준은 별표 2와 같다.

② 해양수산부장관, 지방해양수산청장 또는 시·도지사는 법 제83조제1항에 따라 행정처분을 하는 경우에는 그 처분의 내용을 별지 제22호서식에 따라 지체 없이 처분대상자에게 통지해야 한다.
제40조(타인 토지에의 출입 등) ① 법 제87조제2항 본문에 따른 타인 토지에의 출입, 일시 사용 또는 장애물 변경·제거의 통지서는 별지 제23호서식과 같다.

② 법 제87조제3항에 따라 관할 특별자치도지사 또는 시장·군수·구청장의 허가를 받아 타인의 토지에 출입하려는 자는 별지 제24호서식의 허가증을 지녀야 한다.

③ 법 제87조제5항에 따른 타인 토지에의 출입 증표는 별지 제25호서식과 같다.
제41조(재결신청서) 영 제87조제2항에 따른 재결신청서는 별지 제26호서식과 같다.
제42조(공사 또는 사업의 시작 신고) 영 제89조제3항에 따른 공사 또는 사업의 시작 신고서는 별지 제27호서식과 같다.
제43조(권리·의무의 이전 인가 신청) ① 법 제101조제1항 본문에 따른 권리·의무의 이전 인가는 해당 항만개발사업 또는 항만배후단지개발사업의 공정이 전체 공정의 100분의 20 이상 진행된 경우에만 신청할 수 있다. 다만, 권리·의무의 이전을 받으려는 자가 「외국인투자 촉진법」 제2조제1항제6호에 따른 외국인투자기업인 경우에는 전체 공정의 100분의 20 미만이 진행된 경우에도 권리·의무의 이전 인가 신청을 할 수 있다.

② 지방해양수산청장 또는 시·도지사는 제1항에 따른 권리·의무

의 이전으로 영 제45조제1항제7호에 따른 항만시설 사용료 면제자의 법적 지위에 변동이 있을 때에는 미리 해당 지방해양수산청장 또는 시·도지사와 협의해야 한다.

③ 제1항에 따른 인가를 받으려는 자는 별지 제28호서식의 권리·의무 이전 인가 신청서에 해당 권리·의무와 관련된 허가 또는 승인을 받은 사실을 증명하는 서류를 첨부하여 지방해양수산청장 또는 시·도지사에게 제출해야 한다.

제44조(수수료) ① 법 제9조제2항에 따른 비관리청의 항만개발사업 시행 허가를 신청하려는 자는 법 제105조에 따라 수수료를 내야 한다.

② 제1항에 따른 수수료는 5천원(제1항에 따른 허가 신청을 전자문서로 하는 경우에는 4천원)으로 하되, 수입인지 또는 수입증지로 납부해야 한다.

③ 지방해양수산청장 또는 시·도지사는 제2항에 따른 방법 외에 정보통신망을 이용하여 전자화폐·전자결제 등의 방법으로 수수료를 납부하게 할 수 있다.

제45조(규제의 재검토) 해양수산부장관은 다음 각 호의 사항에 대하여 다음 각 호의 기준일을 기준으로 3년마다(매 3년이 되는 해의 1월 1일 전까지를 말한다) 그 타당성을 검토하여 개선 등의 조치를 해야 한다.

1. 제18조에 따른 전용 목적의 토지·항만시설의 임대허가: 2022년 1월 1일

2. 제43조에 따른 권리·의무의 이전 인가 신청: 2020년 1월 1일

[전문개정 2022. 2. 24.]

부칙 〈제420호, 2020. 7. 30.〉

제1조(시행일) 이 규칙은 2020년 7월 30일부터 시행한다.

제2조(항만시설의 유지·보수에 관한 항만개발사업의 시행·변경 허

가 신청에 관한 적용례) 제5조제4항의 개정규정은 이 규칙 시행 이후 항만시설의 유지·보수에 관한 항만개발사업의 시행·변경 허가 신청을 하는 경우부터 적용한다.

제3조(항만건설작업선의 항만건설장비 검사사항에 관한 적용례) 해양수산부령 제299호 항만법 시행규칙 일부개정령의 시행일인 2018년 9월 5일 전에 「선박안전법」 제8조제1항에 따라 정기검사를 받고 이 규칙 시행 이후에 다음 정기검사의 시기가 도래하는 항만건설작업선의 항만건설장비에 관하여는 이 규칙 시행 이후 실시하는 같은 법 제8조제1항에 따른 정기검사부터 제25조제1항의 개정규정을 적용한다.

제4조(행정처분 기준에 관한 적용례) 별표 2 제2호다목부터 마목까지의 개정규정은 이 규칙 시행 이후 발생한 위반행위에 대해 행정처분을 하는 경우부터 적용한다.

제5조(항만건설작업선의 중간검사 시기의 기산일에 관한 특례) 해양수산부령 제239호 항만법 시행규칙 일부개정령의 시행일인 2017년 6월 27일 전에 「선박안전법」 제8조에 따라 정기검사를 받은 항만건설작업선에 대해 2017년 6월 27일 이후 최초로 실시하는 중간검사의 경우에는 제25조제7항의 개정규정에도 불구하고 2017년 6월 27일 이후 정기검사를 받은 날을 기준으로 제25조제7항의 개정규정에 따른 중간검사 시기를 기산한다.

제6조(처분 등에 관한 일반적 경과조치) 이 규칙 시행 당시 종전의 「항만법 시행규칙」에 따른 행정기관의 행위나 행정기관에 대한 행위는 그에 해당하는 이 규칙에 따른 행정기관의 행위나 행정기관에 대한 행위로 본다.

제7조(다른 법령의 개정) ① 국제항해선박 및 항만시설의 보안에 관한 법률 시행규칙 일부를 다음과 같이 개정한다.

제40조제1항제1호 중 "물양장"을 "소형선 부두"로 한다.

② 도선법 시행규칙 일부를 다음과 같이 개정한다.

제18조제7항 단서 중 "「항만법」 제2조제15호"를 "「항만법」 제2조

제8호"로 한다.

③ 선박안전법 시행규칙 일부를 다음과 같이 개정한다.

제4조제19호의2 중 "「항만법 시행령」 제25조의3"을 "「항만법 시행령」 제42조"로 한다.

별표 7 제1호가목1)부터 4)까지 외의 부분 중 "「항만법」 제29조의3제1항"을 "「항만법」 제39조제1항"으로 한다.

④ 선박의 입항 및 출항 등에 관한 법률 시행규칙 일부를 다음과 같이 개정한다.

제6조제1항 중 "「항만법 시행령」 제26조제1항"을 "「항만법 시행령」 제44조제1항"으로 한다.

⑤ 수산물 유통의 관리 및 지원에 관한 법률 시행규칙 일부를 다음과 같이 개정한다.

제15조제1항제4호 중 "물양장(物揚場)"을 "소형선 부두"로 한다.

⑥ 항로표지법 시행규칙 일부를 다음과 같이 개정한다.

제39조제2항 중 "「항만법 시행령」 제28조제1항제1호"를 "「항만법 시행령」 제46조제1항제1호"로 한다.

⑦ 항만시설의기술기준에관한규칙을 다음과 같이 개정한다.

제1조 중 "항만법 제26조"를 "「항만법」 제36조"로, "항만법시행령 제20조"를 "「항만법 시행령」 제40조"로 한다.

제8조제1항 중 "호안등"을 "호안(해안보호둑을 말한다) 등"으로 한다.

제9조제1항 중 "물양장"을 "소형선 부두"로, "돌핀"을 "돌핀(계선말뚝을 말한다)"으로, "램프등"을 "램프(경사식 진출입로를 말한다) 등"으로 한다.

제10조 각 호 외의 부분 중 "물양장"을 "소형선 부두"로 한다.

⑧ 항만시설장비 관리규칙 일부를 다음과 같이 개정한다.

제1조 중 "「항만법」 제24조부터 제28조"를 "「항만법」 제31조부터 제35조"로, "「항만법 시행령」 제23조 및 제24조"를 "「항만법 시행령」 제38조 및 제39조"로 한다.

제2조제1항 각 호 외의 부분 중 "제24조제1항"을 "제31조제1항"으로 하고, 같은 항 제2호 중 "제24조제1항제1호에 따른 책임감리"를 "제39조제1항제1호에 따른 건설사업관리"로 한다.

제3조제1항 각 호 외의 부분 중 "법 제25조제1항"을 "법 제32조제1항"으로 하고, 같은 조 제2항 중 "법 제25조제2항"을 "법 제32조제2항"으로 한다.

제4조제1항 중 "법 제26조제1항제3호"를 "법 제33조제1항제3호"로 한다.

제5조제1항 각 호 외의 부분 본문 중 "법 제26조제1항"을 "법 제33조제1항"으로 하고, 같은 부분 단서 중 "법 제28조제1항"을 "법 제35조제1항"으로 한다.

제6조 중 "법 제26조제2항"을 "법 제33조제2항"으로 한다.

제7조제1항 중 "법 제26조제2항"을 "법 제33조제2항"으로 한다.

제9조제1항 중 "법 제26조제3항"을 "법 제33조제3항"으로 한다.

제10조제1항 각 호 외의 부분 중 "법 제27조제1항"을 "법 제34조제1항"으로 하고, 같은 항 제1호 중 "법 제27조제1항제1호"를 "법 제34조제1항제1호"로, "법 제26조제1항제3호"를 "법 제33조제1항제3호"로 하며, 같은 항 제2호 중 "법 제27조제1항제2호"를 "법 제34조제1항제2호"로, "법 제26조제1항제3호"를 "법 제33조제1항제3호"로 하고, 같은 항 제3호 중 "영 제24조제1항제1호"를 "영 제39조제1항제1호"로, "법 제26조제1항제1호"를 "법 제33조제1항제1호"로 하며, 같은 항 제4호 중 "영 제24조제1항제3호"를 "영 제39조제1항제3호"로, "법 제26조제1항제3호"를 "법 제33조제1항제3호"로 하고, 같은 조 제2항 중 "영 제24조제2항"을 "영 제39조제2항"으로 한다.

제11조제1항, 제2항 및 같은 조 제3항 각 호 외의 부분 중 "법 제27조제2항"을 각각 "법 제34조제2항"으로 한다.

제12조제1항 각 호 외의 부분 및 같은 조 제3항 중 "법 제28조제2항"을 각각 "법 제35조제2항"으로 한다.

별지 제1호서식 중 "「항만법」 제24조"를 "「항만법」 제31조"로 한다.

별지 제3호서식 중 "「항만법」 제24조"를 "「항만법」 제31조"로 한다.

별지 제4호서식 중 "「항만법」 제26조제1항"을 "「항만법」 제33조제1항"으로 한다.

별지 제6호서식 중 "「항만법」 제26조"를 "「항만법」 제33조"로 한다.

별지 제7호서식 중 "「항만법」 제26조"를 "「항만법」 제33조"로 한다.

별지 제9호서식 중 "「항만법」 제28조제2항"을 "「항만법」 제35조제2항"으로 한다.

별지 제10호서식 중 "「항만법」 제28조"를 "「항만법」 제35조"로 한다.

⑨ 항만운송사업법 시행규칙 일부를 다음과 같이 개정한다.

제15조의2제1항제2호 중 "항만공사"를 "항만개발사업"으로 한다.

제27조제1항제1호 중 "「항만법」 제30조제1항 본문"을 "「항만법」 제41조제1항제1호"로 한다.

별표 3 비고 제3호 중 "「항만법 시행령」 제28조제2항"을 "「항만법 시행령」 제46조제2항"으로 한다.

⑩ 해사안전법 시행규칙 일부를 다음과 같이 개정한다.

별표 6의2 라목4) 및 5) 중 "항만공사"를 각각 "항만개발사업"으로 한다.

⑪ 해양경비법 시행규칙 일부를 다음과 같이 개정한다.

제3조제1항제2호 중 "항만공사"를 "항만개발사업"으로 한다.

⑫ 해운법 시행규칙 일부를 다음과 같이 개정한다.

제26조의2제1항제4호 중 "「항만법」 제89조"를 "「항만법」 제26조"로 한다.

별지 제21호의2서식의 신청인 제출서류란 제4호 중 "「항만법」 제89조"를 "「항만법」 제26조"로 한다.

제8조(다른 법령과의 관계) 이 규칙 시행 당시 다른 법령에서 종전의 「항만법 시행규칙」의 규정을 인용하고 있는 경우 이 규칙 중 그에 해당하는 규정이 있을 때에는 종전의 규정을 갈음하여 이 규칙

의 해당 규정을 인용한 것으로 본다.

부칙 〈제452호, 2020. 12. 28.〉
이 규칙은 2021년 1월 1일부터 시행한다.

부칙 〈제486호, 2021. 6. 30.〉 (어려운 법령용어 정비를 위한 56개 법령의 일부개정에 관한 해양수산부령)
이 규칙은 공포한 날부터 시행한다.

부칙 〈제536호, 2022. 2. 24.〉 (행정규제기본법에 따른 일몰규제 정비를 위한 11개 법령의 일부개정에 관한 해양수산부령)
이 규칙은 공포한 날부터 시행한다.

부칙 〈제554호, 2022. 7. 4.〉
제1조(시행일) 이 규칙은 2022년 7월 5일부터 시행한다.
제2조(전용 목적의 항만시설의 임대허가 요건에 관한 적용례) 제18조제2항제3호 및 별지 제11호서식의 개정규정은 이 규칙 시행 이후 임대허가 신청을 하는 경우부터 적용한다.

부칙 〈제605호, 2023. 6. 19.〉
이 규칙은 2023년 6월 28일부터 시행한다.

부칙 〈제727호, 2025. 4. 1.〉
이 규칙은 공포한 날부터 시행한다.

별표 / 서식
[별표 1] 항만건설작업선의 항만건설장비에 관한 검사사항(제25조제1항 관련)
[별표 2] 행정처분 기준(제39조제1항 관련)

[별지 제1호서식] 항만개발사업 시행(변경) 허가신청서
[별지 제2호서식] 항만시설 유지·보수 항만개발사업 시행(변경) 허가신청서
[별지 제3호서식] 항만개발사업실시계획 승인(변경)신청서
[별지 제4호서식] 항만개발사업실시계획 변경 신고서
[별지 제5호서식] 항만개발사업실시계획 신고서
[별지 제6호서식] 항만개발사업 준공보고서
[별지 제7호서식] 준공확인증명서
[별지 제8호서식] 준공 전 사용신고서
[별지 제9호서식] 국가 또는 시·도에 귀속되거나 기부채납된 항만시설의 무상사용 허가 신청서
[별지 제10호서식] 토지매도청구서
[별지 제11호서식] 전용 목적 토지·항만시설의 임대허가 신청서
[별지 제12호서식] 양수신고서
[별지 제13호서식] 항만대장
[별지 제14호서식] 항만관리법인 지정신청서
[별지 제15호서식] 항만배후단지개발사업실시계획 승인(변경)신청서
[별지 제16호서식] 항만배후단지개발사업 준공확인신청서
[별지 제17호서식] 항만배후단지개발사업 준공확인증명서
[별지 제18호서식] 항만배후단지개발사업 준공 전 사용신고서
[별지 제19호서식] 1종 항만배후단지 관리기관 지정신청서
[별지 제20호서식] 1종 항만배후단지(입주계약, 변경계약)신청(확인)서
[별지 제21호서식] [토지, 공장등(양도계획서, 처분신청서)]
[별지 제22호서식] 행정처분 통지서
[별지 제23호서식] (토지 출입, 일시 사용, 장애물 제거·변경)통지서
[별지 제24호서식] 허가증
[별지 제25호서식] 토지출입증

[별지 제26호서식] 재결신청서
[별지 제27호서식] 공사 또는 사업의 시작 신고서
[별지 제28호서식] 권리ㆍ의무 이전 인가 신청서

대한민국 법령 시리즈 70

항만법

법 령 / 시 행 령 / 시 행 규 칙

2025년 4월 8일 인쇄 정가 21,000원
2025년 4월 18일 발행

편 저 편집부
디 자 인 송영미
발 행 인 조준형
발 행 처 해광출판사

http://www.hgbookpub.com
E-mail : munbookcokr@naver.com
주 소 부산광역시 중구 해관로 41-1 (중앙동2가)
전화번호 (051) 253-0001 팩스 (051) 245-1187

등 록 제 2012-000005호

해광출판사에서는 여러분의 소중한 원고와 함께 할 기회를 기다리고 있습니다. 책으로 엮을 원고나 아이디어가 있으신 분들은 이메일 munbookcokr@naver.com 로 책에 대한 간단한 개요와 원고 전체 또는 일부를 연락처와 함께 보내주십시오.

ISBN 979-11-6881-807-1

※ 법령 출처 : 법제처 국가법령정보센터
※ 본 도서는 〈공공데이터 제공 및 이용 활성화에 관한 법률〉을 근거로 출판되었습니다.

해광출판사 대한민국 법령 시리즈

001. 선원법
002. 어선법
003. 선박직원법
004. 해사안전기본법
005. 해양환경관리법
006. 선박의 입항 및 출항등에 관한 법률
007. 학교안전사고예방 및 보상에 관한 법률
008. 종합부동산세법
009. 방위사업법
010. 행정규제기본법
011. 식품산업진흥법
012. 위험물안전관리법
013. 화재의 예방 및 안전관리에 관한 법률
014. 도시가스사업법
015. 실내공기질관리법
016. 지방세법
017. 소득세법
018. 법인세법
019. 도선법
020. 선박안전법
021. 선박법
022. 수산업법
023. 고압가스안전관리법
024. 국민연금법
025. 공동주택관리법
026. 화학물질관리법
027. 어선원 및 어선 재해보상보험법
028. 장기등 이식에 관한 법률
029. 자연재해대책법
030. 공유재산 및 물품 관리법
031. 산업입지 및 개발에 관한 법률
032. 부정경쟁방지 및 영업비밀보호에 관한 법률
033. 금융지주회사법
034. 온실가스 배출권의 할당 및 거래에 관한 법률
035. 건축사법
036. 산림문화휴양에 관한 법률
037. 전기사업법
038. 사립학교법
039. 고등교육법
040. 액화석유가스의 안전관리 및 사업법
041. 선박투자회사법
042. 수산자원관리법
043. 위험물선박운송및저장규칙
044. 선박평형수관리법
045. 주택임대차보호법
046. 상가건물임대차보호법
047. 지방공기업법
048. 승강기안전관리법
049. 수목원·정원의 조성 및 진흥에 관한 법률
050. 민법
051. 치료감호 등에 관한 법률
052. 대부업 등의 등록 및 금융이용자 보호에 관한 법률
053. 사료관리법
054. 무형문화재 보전 및 진흥에 관한 법률
055. 총포·도검·화약류 등의 안전관리에 관한 법률
056. 경찰관직무집행법
057. 시설물의 안전 및 유지관리에 관한 특별법
058. 수산생물질병 관리법
059. 소비자기본법
060. 국제선박등록법
061. 정보통신망 이용촉진 및 정보보호 등에 관한 법률
062. 해운법
063. 농수산물 품질관리법
064. 수산업협동조합법
065. 해외건설촉진법
066. 수상레저안전법
067. 공무원재해보상법
068. 수상에서의 수색·구조 등에 관한 법률
069. 어촌어항법
070. 항만법
071. 항만운송사업법
072. 해양경비법
073. 해양사고의 조사 및 심판에 관한 법률
074. 외국인근로자의 고용 등에 관한 법률
075. 중소기업기본법
076. 자유무역지역의 지정 및 운영에 관한 법률
077. 대기환경보전법
078. 소음진동관리법
079. 폐기물관리법
080. 하수도법
081. 물환경보전법
082. 토양환경보전법
083. 환경정책기본법
084. 산업재해보상보험법
085. 관세법
086. 노동조합 및 노동관계조정법
087. 근로기준법
088. 군인연금법
089. 먹는물관리법
090. 기술보증기금법
091. 관광진흥법
092. 감염병의 예방 및 관리에 관한 법률
093. 사법경찰관리의 직무를 수행할 자와 그 직무범위에 관한 법률
094. 수의사법
095. 가정폭력방지 및 피해자보호 등에 관한 법률
096. 환경영향평가법
097. 체육시설의 설치 · 이용에 관한 법률
098. 장사 등에 관한 법률
099. 상호저축은행법
100. 은행법
101. 보호관찰 등에 관한 법률
102. 형법
103. 자동차관리법
104. 형사소송법
105. 전자금융거래법
106. 마약류 불법거래 방지에 관한 특례법
107. 도로법
108. 주세법
109. 변리사법
110. 하천법
111. 중소기업진흥에 관한 법률
112. 발달장애인 권리보장 및 지원에 관한 법률
113. 주택법
114. 장애인복지법
115. 농어업경영체 육성 및 지원에 관한 법률
116. 공인중개사법
117. 건강기능식품에 관한 법률
118. 예비군법
119. 개발제한구역의 지정 및 관리에 관한 특별조치법
120. 국유재산법
121. 주차장법
122. 환경기술 및 환경산업 지원법
123. 대기관리권역의 대기환경개선에 관한 특별법
124. 악취방지법
125. 미세먼지 저감 및 관리에 관한 특별법
126. 가축분뇨의 관리 및 이용에 관한 법률
127. 물의 재이용 촉진 및 지원에 관한 법률
128. 물관리기본법
129. 물관리기술 발전 및 물산업 진흥에 관한 법률
130. 자원의 절약과 재활용촉진에 관한 법률
131. 전기 · 전자제품 및 자동차의 자원순환에 관한 법률
132. 건설폐기물의 재활용촉진에 관한 법률
133. 수도권매립지관리공사의 설립 및 운영 등에 관한 법률
134. 폐기물의 국가 간 이동 및 그 처리에 관한 법률
135. 폐기물처리시설 설치촉진 및 주변지역지원 등에 관한 법률
136. 자원순환기본법
137. 잔류성오염물질 관리법
138. 환경분쟁 조정법

해광출판사 대한민국 법령 시리즈

139. 화학물질의 등록 및 평가 등에 관한 법률
140. 환경오염시설의 통합관리에 관한 법률
141. 환경오염피해 배상책임 및 구제에 관한 법률
142. 중소기업제품 구매촉진 및 판로지원에 관한 법률
143. 환경개선비용 부담법
144. 환경분야 시험·검사 등에 관한 법률
145. 환경친화적 산업구조로의 전환촉진에 관한 법률
146. 환경친화적 자동차의 개발 및 보급 촉진에 관한 법률
147. 환경범죄 등의 단속 및 가중처벌에 관한 법률
148. 생명윤리 및 안전에 관한 법률
149. 장애인차별금지 및 권리구제 등에 관한 법률
150. 부동산투자회사법
151. 정치자금법
152. 과학기술기본법
153. 대리점거래의 공정화에 관한 법률
154. 상속세 및 증여세법
155. 학원의 설립 · 운영 및 과외교습에 관한 법률
156. 해양심층수의 개발 및 관리에 관한 법률
157. 전기용품 및 생활용품 안전관리법
158. 사회기반시설에 대한 민간투자법
159. 공직선거법
160. 정당법
161. 유류오염손해배상 보장법
162. 부정청탁 및 금품등 수수의 금지에 관한 법률
163. 항로표지법
164. 어장관리법
165. 민방위기본법
166. 공직자윤리법
167. 선거관리위원회법
168. 유선 및 도선 사업법
169. 전기공사업법
170. 사회복지사업법
171. 택지개발촉진법
172. 국가공무원법
173. 민간임대주택에 관한 특별법
174. 어음법·수표법
175. 민사집행법
176. 상법
177. 문화예술진흥법
178. 중소기업협동조합법
179. 농업협동조합법
180. 도로교통법
181. 의료사고 피해구제 및 의료분쟁 조정 등에 관한 법률
182. 산림보호법
183. 소년법
184. 동물보호법
185. 건축물관리법
186. 도시개발법
187. 화물자동차 운수사업법
188. 도시 및 주거환경정비법
189. 의료법
190. 국회법
191. 응급의료에 관한 법률
192. 출입국관리법
193. 노인복지법
194. 산림자원의 조성 및 관리에 관한 법률
195. 청소년 보호법
196. 초 · 중등교육법
197. 혁신도시 조성 및 발전에 관한 특별법
198. 경제자유구역의 지정 및 운영에 관한 특별법
199. 공공기관의 운영에 관한 법률
200. 대한민국헌법
201. 국민기초생활 보장법
202. 저작권법
203. 가사소송법
204. 국가유공자 등 예우 및 지원에 관한 법률
205. 국민체육진흥법
206. 전통주 등의 산업진흥에 관한 법률
207. 재난 및 안전관리 기본법
208. 정보통신공사업법
209. 주식회사 등의 외부감사에 관한 법률
210. 공익사업을 위한 토지 등의 취득 및 보상에 관한 법률
211. 개인정보 보호법
212. 국세기본법
213. 에너지이용 합리화법
214. 감정평가 및 감정평가사에 관한 법률
215. 국가인권위원회법
216. 가맹사업거래의 공정화에 관한 법률
217. 보건의료기본법
218. 산업안전보건법
219. 법무사법
220. 교육공무원법
221. 특허법
222. 민사소송법
223. 아동복지법
224. 전파법
225. 하도급거래 공정화에 관한 법률
226. 기초연금법
227. 사립학교교직원 연금법
228. 직업안정법
229. 장애아동 복지지원법
230. 부동산등기법
231. 자동차손해배상 보장법
232. 철도안전법
233. 항공안전법
234. 전자상거래 등에서의 소비자보호에 관한 법률
235. 독점규제 및 공정거래에 관한 법률
236. 상표법
237. 채무자 회생 및 파산에 관한 법률
238. 공무원연금법
239. 축산법
240. 근로복지기본법
241. 민원 처리에 관한 법률
242. 약사법
243. 방문판매 등에 관한 법률
244. 건축기본법
245. 지방세기본법
246. 지방세징수법
247. 지방자치법
248. 도시교통정비 촉진법
249. 공공주택 특별법
250. 국세징수법
251. 공인노무사법
252. 중대재해 처벌 등에 관한 법률
253. 외무공무원법
254. 소방시설공사업법
255. 검역법
256. 공중위생관리법
257. 할부거래에 관한 법률
258. 인터넷 멀티미디어 방송사업법
259. 전기통신사업법
260. 제품안전기본법
261. 철도사업법
262. 어린이제품 안전 특별법
263. 영유아보육법
264. 원자력안전법
265. 보험업법
266. 경비업법
267. 교통안전법
268. 세무사법
269. 관세사법
270. 공인회계사법
271. 지방공무원법
272. 고용정책 기본법
273. 국가경찰과 자치경찰의 조직 및 운영에 관한 법률
274. 협동조합 기본법
275. 재해구호법
276. 환경보건법

해광출판사 대한민국 법령 시리즈

277. 자살예방 및 생명존중문화 조성을 위한 법률
278. 소방산업의 진흥에 관한 법률
279. 소방기본법
280. 비송사건절차법
281. 자연환경보전법
282. 변호사법
283. 기업구조조정투자회사법
284. 전기통신기본법
285. 에너지법
286. 해양생태계의 보전 및 관리에 관한 법률
287. 사회보장기본법
288. 통신비밀보호법
289. 공증인법
290. 물류시설의 개발 및 운영에 관한 법률
291. 청소년활동 진흥법
292. 형의 집행 및 수용자의 처우에 관한 법률
293. 도시공원 및 녹지 등에 관한 법률
294. 태권도 진흥 및 태권도공원 조성 등에 관한 법률
295. 녹색건축물 조성 지원법
296. 우편법
297. 예금자보호법
298. 건설산업기본법
299. 금융회사의 지배구조에 관한 법률
300. 장애인활동 지원에 관한 법률
301. 언론중재 및 피해구제 등에 관한 법률
302. 국가재정법
303. 농지법
304. 게임산업진흥에 관한 법률
305. 정신건강증진 및 정신질환자 복지서비스 지원에 관한 법률
306. 디자인보호법
307. 의료기사 등에 관한 법률
308. 스마트도시 조성 및 산업진흥 등에 관한 법률
309. 내수면어업법
310. 한국주택금융공사법
311. 의료기기법
312. 유통산업발전법
313. 전통시장 및 상점가 육성을 위한 특별법
314. 여신전문금융업법
315. 해외자원개발 사업법
316. 산업교육진흥 및 산학연협력촉진에 관한 법률
317. 빈집 및 소규모주택 정비에 관한 특례법
318. 기업도시개발 특별법
319. 전력기술관리법
320. 국토기본법
321. 지하수법
322. 식품위생법
323. 광업법
324. 호스피스·완화의료 및 임종과정에 있는 환자의 연명의료결정에 관한 법률
325. 주식·사채 등의 전자등록에 관한 법률
326. 표시·광고의 공정화에 관한 법률
327. 골재채취법
328. 국민건강증진법
329. 새마을금고법
330. 여객자동차 운수사업법
331. 마리나항만의 조성 및 관리 등에 관한 법률
332. 한부모가족지원법
333. 국가를 당사자로 하는 계약에 관한 법률
334. 지방자치단체를 당사자로 하는 계약에 관한 법률
335. 축산물 위생관리법
336. 병역법
337. 음악산업진흥에 관한 법률
338. 국가균형발전 특별법
339. 첨단재생의료 및 첨단바이오의약품 안전 및 지원에 관한 법률
340. 공간정보의 구축 및 관리 등에 관한 법률
341. 공유수면 관리 및 매립에 관한 법률
342. 농수산물 유통 및 가격안정에 관한 법률
343. 아시아문화중심도시 조성에 관한 특별법
344. 신탁법
345. 자연공원법
346. 생활화학제품 및 살생물제의 안전관리에 관한 법률
347. 군인사법
348. 국제조세조정에 관한 법률
349. 낙동강수계 물관리 및 주민지원 등에 관한 법률
350. 주민등록법
351. 집합건물의 소유 및 관리에 관한 법률
352. 집단에너지사업법
353. 산림조합법
354. 반도체집적회로의 배치설계에 관한 법률
355. 자본시장과 금융투자업에 관한 법률
356. 담보부사채신탁법
357. 근로자퇴직급여 보장법
358. 국제과학비즈니스벨트 조성 및 지원에 관한 특별법
359. 수도법
360. 식품 등의 표시 · 광고에 관한 법률
361. 약관의 규제에 관한 법률
362. 인삼산업법
363. 종자산업법
364. 항공사업법
365. 건설기계관리법
366. 군형법
367. 궤도운송법
368. 기술의 이전 및 사업화 촉진에 관한 법률
369. 농수산물의 원산지 표시 등에 관한 법률
370. 담배사업법
371. 석유 및 석유대체연료 사업법
372. 가축전염병 예방법
373. 농어촌정비법
374. 식물신품종 보호법
375. 항공보안법
376. 중소기업창업 지원법
377. 군사법원법
378. 우주개발 진흥법
379. 해저광물자원 개발법
380. 산림복지 진흥에 관한 법률
381. 지능형 로봇 개발 및 보급 촉진법
382. 헌법재판소법
383. 옥외광고물 등의 관리와 옥외광고산업 진흥에 관한 법률
384. 혈액관리법
385. 국제항해선박 등에 대한 해적행위 피해예방에 관한 법률
386. 유료도로법
387. 독립유공자예우에 관한 법률
388. 신에너지 및 재생에너지 개발 · 이용 · 보급 촉진법
389. 신용정보의 이용 및 보호에 관한 법률
390. 출판문화산업 진흥법
391. 공항시설법
392. 국민 평생 직업능력 개발법
393. 아동 · 청소년의 성보호에 관한 법률
394. 방송법쉬
395. 신용보증기금법
396. 화장품법
397. 청소년 기본법
398. 인터넷주소자원에 관한 법률
399. 양곡관리법
400. 도로명주소법
401. 전자문서 및 전자거래 기본법
402. 산업기술의 유출방지 및 보호에 관한 법률
403. 국가기술자격법
404. 양식산업발전법
405. 산업기술혁신 촉진법
406. 새만금사업 추진 및 지원에 관한 특별법
407. 전자정부법
408. 지역 개발 및 지원에 관한 법률
409. 한국농어촌공사 및 농지관리기금법
410. 계량에 관한 법률
411. 기업활동 규제완화에 관한 특별조치법
412. 군에서의 형의 집행 및 군수용자의 처우에 관한 법률

해광출판사 대한민국 법령 시리즈

413. 규제자유특구 및 지역특화발전특구에 관한 규제특례법
414. 금융위원회의 설치 등에 관한 법률
415. 남녀고용평등과 일·가정 양립 지원에 관한 법률
416. 농어업인 삶의 질 향상 및 농어촌지역 개발촉진에 관한 특별법
417. 댐건설·관리 및 주변지역지원 등에 관한 법률
418. 국가유산수리 등에 관한 법률
419. 법원조직법
420. 보훈보상대상자 지원에 관한 법률
421. 부패방지 및 국민권익위원회의 설치와 운영에 관한 법률
422. 과학기술분야 정부출연연구기관 등의 설립·운영 및 육성에 관한 법률
423. 연구개발특구의 육성에 관한 특별법
424. 친환경농어업 육성 및 유기식품 등의 관리·지원에 관한 법률
425. 연안관리법
426. 영화 및 비디오물의 진흥에 관한 법률
427. 신용협동조합법
428. 방송통신발전 기본법
429. 범죄피해자 보호법
430. 가축 및 축산물 이력관리에 관한 법률
431. 국가표준기본법
432. 국가통합교통체계효율화법
433. 범죄인 인도법
434. 국가과학기술 경쟁력 강화를 위한 이공계지원 특별법
435. 국제경기대회 지원법
436. 금융혁신지원 특별법
437. 수자원의 조사·계획 및 관리에 관한 법률
438. 축산자조금의 조성 및 운용에 관한 법률
439. 소방시설 설치 및 관리에 관한 법률
440. 양성평등기본법
441. 축산계열화사업에 관한 법률
442. 수입식품안전관리 특별법
443. 대외무역법
444. 국가연구개발사업 등의 성과평가 및 성과관리에 관한 법률
445. 무역보험법
446. 기술사법
447. 광산안전법
448. 농약관리법
449. 농업·농촌 및 식품산업 기본법
450. 문화산업진흥 기본법
451. 부담금관리 기본법
452. 야생생물 보호 및 관리에 관한 법률
453. 한국은행법
454. 별정우체국법
455. 원양산업발전법
456. 콘텐츠산업 진흥법
457. 한국수출입은행법
458. 외국인투자 촉진법
459. 물류정책기본법
460. 전자서명법
461. 산업발전법
462. 산업표준화법
463. 소프트웨어 진흥법
464. 토지이용규제 기본법
465. 해수욕장의 이용 및 관리에 관한 법률
466. 정보통신 진흥 및 융합 활성화 등에 관한 특별법
467. 정보통신산업 진흥법
468. 지진·화산재해대책법
469. 소금산업진흥법
470. 위치정보의 보호 및 이용 등에 관한 법률
471. 외국법자문사법
472. 이러닝(전자학습)산업 발전 및 이러닝 활용 촉진에 관한 법률
473. 암관리법
474. 실용신안법
475. 가족관계의 등록 등에 관한 법률
476. 무인도서의 보전 및 관리에 관한 법률
477. 감사원법
478. 정보보호산업의 진흥에 관한 법률
479. 결혼중개업의 관리에 관한 법률
480. 공익신고자 보호법
481. 박물관 및 미술관 진흥법
482. 낚시 관리 및 육성법
483. 동산·채권 등의 담보에 관한 법률
484. 임금채권보장법
485. 국민투표법
486. 농림수산업자 신용보증법
487. 국가채권 관리법
488. 중소기업은행법
489. 식품안전기본법
490. 외국환거래법
491. 발명진흥법
492. 건설기술 진흥법
493. 기후위기 대응을 위한 탄소중립·녹색성장 기본법
494. 인체조직안전 및 관리 등에 관한 법률
495. 엔지니어링산업 진흥법
496. 신문 등의 진흥에 관한 법률
497. 식물방역법
498. 석탄산업법
499. 산업융합 촉진법
500. 비료관리법
501. 임업 및 산촌 진흥촉진에 관한 법률
502. 복권 및 복권기금법
503. 대규모유통업에서의 거래 공정화에 관한 법률
504. 뉴스통신 진흥에 관한 법률
505. 지능정보화 기본법
506. 자격기본법
507. 중소기업 기술혁신 촉진법
508. 국가공간정보 기본법
509. 농어업재해대책법
510. 방송광고판매대행 등에 관한 법률
511. 지식재산 기본법
512. 초고층 및 지하연계 복합건축물 재난관리에 관한 특별법
513. 해양 조사와 해양정보 활용에 관한 법률
514. 공간정보산업 진흥법
515. 공공기관의 정보공개에 관한 법률
516. 행정기본법
517. 해상교통안전법
518. 농어업재해보험법
519. 문화유산의 보존 및 활용에 관한 법률
520. 자연유산의 보존 및 활용에 관한 법률
521. 국토의 계획 및 이용에 관한 법률
522. 건축법
523. 국민건강보험법
524. 계엄법
525. 환경친화적 선박의 개발 및 보급 촉진에 관한 법률
526. 해양폐기물 및 해양오염퇴적물 관리법
527. 연안사고 예방에 관한 법률
528. 전기안전관리법

*** 해광출판사의 법령 시리즈는 계속 발행 됩니다.**
**** 각 도서의 개정판은 인쇄일을 기준으로 제작 되었습니다.**